GERRY GRASSI

Autostima fai da te

Strategie non convenzionali per stare bene con se stessi e con gli altri

Rizzoli

Pubblicato per

Rizzoli

da Mondadori Libri S.p.A.

ISBN 978-88-17-10893-5

Prima edizione: febbraio 2019

Fotografie: Massimiliano Londi

Realizzazione editoriale: Librofficina

Nota dell'editore: le informazioni contenute nel presente volume sono da considerarsi generiche e non intendono sostituirsi al parere professionale di uno psicologo o di uno psicoterapeuta.

Autostima fai da te

A Giulio e Adriana, i miei giovani genitori.
Per tutto quello che hanno fatto
e per tutto quello a cui hanno rinunciato.
Per aver sopportato le mie insopportabili complessità.

INTRODUZIONE

«Non esistono pazienti impossibili,
ma solo terapeuti incapaci.»

Mi piace l'idea di aprire il mio libro con questa citazione di Don Jackson, il fondatore del Mental Research Institute di Palo Alto, in California, per almeno due ragioni: primo, perché in quell'ambito è nata la psicologia breve, una corrente innovativa alla quale è ispirato il mio approccio professionale; secondo, perché, contrariamente a quanto si possa pensare, la trovo una frase molto umile, e anche molto vera.

Come psicologo, amo soprattutto entrare in contatto con i pazienti, capire la loro natura (che è diversa in ogni individuo, ed è per questo che non esistono leggi universali o rimedi unici in questo settore) e aiutarli a trovare dentro di sé le armi con cui combattere – e risolvere – le proprie difficoltà.

In studio ricevo persone che vengono da me per i motivi più svariati: c'è chi effettivamente ha qualche patologia, ma anche chi ha semplicemente bisogno di rilassarsi; chi non riesce a superare una brutta delusione d'amore e chi vorrebbe liberarsi di un rapporto oppressivo; chi si sente a disagio in mezzo alla gente, chi vorrebbe migliorare le proprie performance in ambito lavorativo, chi si sente bloccato dalle proprie paure... Io dico sempre che c'è un problema solo dove c'è una lamentela, perché nessun blocco di per sé è troppo piccolo o troppo grande: dipende tutto dalla misura in cui vi fa soffrire. Ma se c'è un problema, allora deve esserci anche una soluzione. Il mio lavoro è proprio quello di andare ad agire su questo malessere fino a farlo sparire, o almeno diminuire il più possibile.

Ci tengo anche a specificare che lavoro in modo clinico e che non sono né un prestigiatore né, tantomeno, uno stregone: non cancellerò i vostri problemi in un batter d'occhio; non vi renderò, dall'oggi al domani, le persone più felici del pianeta. O meglio, non lo farò io: ma vi farò vedere come potreste farlo voi, nei modi e nei tempi che vi sono più consoni.

Il mio compito è piuttosto quello di accompagnarvi in un percorso che si snoda attraverso questo libro, e che sarà diverso per ognuno di voi. A volte vi sembrerà di navigare in mare aperto, alternando tempeste e giorni di quiete, fra mostri marini e canti di sirene... ma, anche quando vi sentirete in difficoltà e vi sembrerà di aver perso la rotta, ci sarà sempre un astro, speciale perché tutto vostro, a rischiarare la via che vi porta verso la meta, qualunque essa sia.

Nelle pagine che seguono ho raccolto le mie competenze e le tecniche che uso in studio, perché sono convinto che possano servire non solo a persone affette da qualche disturbo, ma anche semplicemente a individui curiosi di conoscersi più a fondo e migliorare la propria vita. È stato molto emozionante organizzare e rivedere tutti i passaggi che hanno formato la mia carriera professionale (e personale!) e dar loro, finalmente, una forma: quella che ora tenete fra le mani e che spero possa piacervi.

Buona lettura!

PRONTI A SALPARE

Come sono diventato uno psicologo

Certo che avete un bel coraggio a fidarvi di me, non vi pare? Voglio dire, guardatemi: non ho nulla in comune con l'immagine dello psicologo tradizionale, quello che tiene le mani incrociate sul petto mentre il paziente, disteso sul lettino, gli racconta i sogni della notte prima. E anche il mio percorso di studi, nonché la mia carriera professionale, hanno ben poco di convenzionale. Per non parlare poi della mia vita…

Però, con il senno di poi, mi piace provare a intuire una sorta di predestinazione in quello che ho fatto. Sono nato a Volterra, un comune in provincia di Pisa che, ospitando un noto manicomio, dalle mie parti si era guadagnato il soprannome di "il paese dei matti". Questi fantomatici matti erano poi anche vicino a casa mia, a Cecina, in una casa di cura che si affacciava su una piazza con una fontana a piramide in cui io sfrecciavo con lo skate. E forse, in fondo, un po' "matto" da piccolo lo ero anch'io. Ogni tanto, mentre giocavo con i miei amici o correvo da solo in mezzo ai campi, mi succedeva una cosa strana. Era come se all'improvviso il mondo mi si richiudesse addosso. Non sapevo più chi fossi né cosa stessi facendo: mi sembrava di scivolare, quasi in caduta libera, verso un baratro che al tempo stesso mi spaventava e mi attraeva. Il vortice, lo chiamavo. Ed ero convinto che fosse una specie di potere sovrannaturale, come quelli che avevano gli eroi dei fumetti e dei cartoni animati che amavo così tanto. Finché i miei genitori non mi portarono da una psicologa, che mi spiegò che il mio superpotere in realtà aveva un nome ben preciso: "attacchi di panico". «Ora forse sei un po' piccolo per capire» aggiunse. «Ma, se il tema ti interessa, da grande potrai saperne molto di più.» Chissà se ha mai anche solo immaginato quanto io l'abbia presa sul serio...

Un'altra cosa che facevo da piccolo era isolarmi, di tanto in tanto, e pensare a delle domande molto più grandi di me. Mi interrogavo sulla natura dell'uomo, sulla vita e la morte, sullo scorrere del tempo. Ero così concentrato sui miei pensieri, ai quali ovviamente non riuscivo a dare una risposta, da dimenticarmi di tutto quello che mi stava attorno. Ricordo ancora la mia mamma quando, dopo lunghe ricerche, riusciva finalmente a trovarmi e doveva proprio scuotermi con forza perché io mi accorgessi di lei. Studiando psicologia, e in particolare la terapia strategica, ho avuto la possibilità di conoscere gli studi di Milton Erickson e le sue teorie sull'ipnosi, e solo a quel punto ho capito che quello che facevo, pur senza saperlo, era esattamente autoindurmi una trance ipnotica.

I GRANDI ESPLORATORI

MILTON ERICKSON

Siccome ve ne parlerò molto in questo volume, tanto vale che vi dica subito chi è Milton Erickson... Americano, nato nel 1901 in una famiglia di agricoltori, soffriva di dislessia e daltonismo. Ammalatosi di poliomielite, rimase paralizzato e, seppure i medici pensassero che non potesse sopravvivere, riuscì a curarsi da solo con l'autoipnosi e persino, almeno per qualche anno, a ricominciare a camminare. Studiò medicina e si specializzò in psichiatria; insegnò all'università ed esercitò privatamente. Straordinario e originalissimo psichiatra, è noto per aver ispirato le tecniche della psicologia strategica e della terapia breve (di cui anch'io, come vi dirò meglio più avanti, oggi faccio uso), ed è stato il primo a intuire che ogni individuo ha già dentro di sé tutto: la capacità di generare problemi, ma anche quella di risolverli. Per me e tantissimi altri colleghi, Erickson è soprattutto un modello e un grande ispiratore. Io ho un'adorazione nei suoi confronti che sfiora il fanatismo: pensate che mi sono persino tatuato il suo ritratto su un braccio!

Capisco che, arrivati a questo punto, uno possa pensare: “Mamma mia, che infanzia difficile! E il panico, e la trance...”. No, davvero: niente di più sbagliato. Nella mia infanzia, così come nell'adolescenza, mi sono divertito tantissimo. Certo, ero un ragazzino po' turbolento... forse un po' troppo, a volte. E a scuola avevo un andamento molto altalenante, quindi magari un anno ero il più bravo della classe e pochi anni dopo venivo bocciato – sì, è capitato anche questo. È che, a parte tutti i turbamenti che quelle fasi della vita portano sempre con sé, avevo fuori dalla scuola un'infinità di passioni a cui mi dedicavo con dedizione totale.

La musica, prima di tutto. Da chitarrista ho suonato per anni in varie band e con una di queste, i Justine Dusk, ho fatto anche qualche disco e un'infinità di concerti, in giro per l'Italia e anche all'estero. Passavamo i fine settimana sul furgone, macinando centinaia di chilometri per raggiungere i locali in cui ci saremmo esibiti, e forse dentro di noi eravamo convinti che quella sarebbe stata davvero la nostra strada, il campo in cui avremmo sfondato.

E poi il judo. Ho iniziato a quattro anni e l'ho portato avanti fino ai venti. Avevo un maestro straordinario, Renato, che è riuscito a trasmettermi non solo l'amore per lo sport, ma anche una vera e propria filosofia di vita legata al judo, dalla quale ho imparato tantissimo.

Altre mie grandi passioni erano il surf, il bodyboard e lo skate. Da ragazzino, dentro o fuori dall'acqua, non facevo altro che sfrecciare su una tavola. Anzi, a dirla tutta non solo da ragazzino... Pochi anni fa ho avuto un ritorno di fiamma e ho ricominciato a usare lo skate: ogni sera, prima di andare a dormire, facevo dei bei giri per il mio paese ascoltando la musica nelle cuffie, fino a raggiungere il mare. Finché una volta qualcosa è andato storto. Forse ero distratto, forse ho preso un sasso o chissà che altro... fatto sta che sono crollato a terra, rompendomi i legamenti del ginocchio. Il medico che mi ha visitato a un certo punto mi ha chiesto: «Senta, signor Grassi... ma lei a trentasei anni non è un po' troppo grande per andare sullo skate?». «Dottore, l'amore non ha età» ho dovuto rispondergli.

Perché vi racconto queste cose? Cosa c'entrano la musica, il judo, lo skate e il surf con la psicologia? Permettetemi di formulare la domanda in un altro modo così che possa darvi una risposta più completa. «Quale struttura connette il granchio con l'aragosta, l'orchidea con la primula e tutti e quattro con me? E me con voi? E tutti e sei noi con l'ameba da una parte e lo schizofrenico dall'altra?».[1] È una frase di Gregory Bateson, un antropologo (e sociologo e molto altro ancora) che amo moltissimo, perché da lui ho imparato l'importanza non solo della multidisciplinarità, ma anche dell'interconnessione fra gli aspetti del sapere umano (e, in fondo, anche delle nostre vite) che sembrano inconciliabili.

[1] La bibliografia di Gregory Bateson è corposa e molto importante. Se voleste conoscerlo meglio e saperne un po' di più sul suo pensiero, vi consiglierei sicuramente di partire dal fondamentale *Mente e natura. Un'unità necessaria* (Adelphi, 2014), la *summa* del suo pensiero.

I GRANDI ESPLORATORI

GREGORY BATESON

Un altro personaggio affascinante che ha molto influenzato il mio percorso è Gregory Bateson. Nato in Inghilterra nel 1904, studiò biologia su consiglio del padre William (studioso nonché ideatore del termine "genetica") e solo successivamente, durante una spedizione in Nuova Guinea, iniziò a interessarsi all'antropologia – da solo e insieme alla moglie, anche lei antropologa, Margaret Mead. Trasferitosi negli Stati Uniti nel 1939, si occupò anche di psichiatria insieme a Jay Haley e Don Jackson della Scuola di Palo Alto; poi di cibernetica, ecologia, genetica... Il suo approccio, olistico e interdisciplinare, gli permise sempre di spaziare fra scienze apparentemente molto distanti fra loro, alla ricerca della relazione che connette tutti gli esseri viventi.

Ma quindi, cos'è che unisce tutte queste cose? Secondo Bateson, e più in piccolo anche secondo me, sono le relazioni: quelle che noi, organismi viventi, abbiamo con noi stessi e con il mondo che ci circonda. In parole povere, una cosa non è in sé per sé, ma è in virtù delle relazioni che ha con altre cose. Semplificando, si potrebbe dire che un'arma non è pericolosa di suo: è solo un pezzo di plastica e metallo. Lo diventa però nel momento in cui io la impugno e la punto contro qualcuno. Una pagnotta non è un nutrimento ma solo un mix di acqua e farina, finché io non la addento e mi tolgo la fame. E ognuno di noi non è a priori né buono né cattivo, né arrogante né umile, né aggressivo né pacifico: lo diventiamo nel momento in cui ci relazioniamo con noi stessi e con l'esterno e reagiamo in un certo modo agli stimoli che incontriamo.

La psicologia, in fondo, è stata questo per me: la relazione che mi ha permesso di unire i puntini di ciò che sono e di ciò che mi capita, per tirare fuori il disegno della mia vita. Mi ci sono avvicinato consapevolmente negli anni dell'università, perché ero tremendamente affascinato da tutto ciò che mi sembrava oscuro e misterioso: la mente umana, il ragionamento, le emozioni, l'inconscio, l'ipnosi. Studiando, invece, ho capito che quella straordinaria disciplina non era solo una scienza, ma una sorta di *trait d'union* magico, eppure al tempo stesso razionalissimo, di tutto ciò che avevo fatto fino a quel momento.

E così il judo, oltre a essere uno sport, è diventata una strategia che applico e consiglio ogni giorno ai miei pazienti. Come? Vi faccio un esempio molto noto per spiegarvelo in maniera chiara. In un combattimento, Bruce Lee non attaccava mai per primo, ma invitava l'avversario a farlo. Questi cedeva alla sua provocazione e Lee sfruttava la forza del suo attacco contro di lui. Più l'avversario è grande, più il suo colpo è forte, più facile è sconfiggerlo. Certo, per farlo bisogna avere una tecnica di combattimento, altrimenti si viene atterrati in un secondo. Ma la psicologia è proprio questo: l'allenamento che ci permette di usare a nostro favore gli attacchi che ci vengono rivolti (dall'esterno, ma anche e soprattutto dall'interno, perché noi umani siamo maestri nel complicarci la vita e crearci ogni genere di difficoltà...).

Il surf non è solo divertimento. È imparare dall'acqua a scivolare, a adattarsi, a lasciarsi plasmare. È rendersi conto che sono le proprie rigidità a creare le rotture. Pensate a un palazzo di cristallo, bellissimo ma statico: in caso di terremoto, in pochi istanti crollerà al suolo. Gli edifici antisismici giapponesi, invece, sono progettati per oscillare: si piegano, ma non si spezzano. Ed è quello che dovremmo fare anche noi... A questo proposito c'è una bella leggenda che riguarda un albero considerato magico da molte religioni, il salice piangente. La storia racconta che un tempo fosse un albero alto e robusto, con i suoi rami possenti tesi verso il cielo. Un giorno un gruppo di boscaioli pensò di tagliarlo, proprio in virtù della sua bellezza, per trasferirlo nel giardino di un principe. Per evitarlo, il salice iniziò a curvarsi verso il basso, facendo scendere i propri rami fino a sfiorare il terreno. A quel punto i taglialegna, credendolo un albero maledetto, decisero di lasciarlo dov'era e corsero via a gambe levate. E così il salice piangente si salvò. Quando siete in difficoltà, pensate ai suoi rami flessibili. Se anche vi si dovessero posare sopra enormi quantità di neve, non potrebbero spezzarsi: la loro sinuosità la farebbe semplicemente scivolare a terra, mantenendo l'albero intatto. Lo stesso dobbiamo imparare a fare noi, quando ci sentiamo addosso il peso dei nostri problemi.

E la musica? La musica è la tecnica che non fa pensare alla tecnica. È un linguaggio che si impara lentamente, esercitandosi di continuo, ma che poi, una volta appreso, non si dimentica più. È come iniziare a leggere: prima si dà importanza a ogni lettera di ogni parola per svelarne il significato, ma dopo un po' di pratica gli occhi corrono velocemente lungo le pagine senza neanche accorgersi dei singoli segni grafici che le compongono. E, una volta appreso, non si può più disimparare. Quando suonavo, non pensavo alle note che facevo con la mia chitarra: le facevo e basta. Mi ero insomma creato un piccolo automatismo che mi permetteva di non pensare più alla tecnica, ma al tempo stesso di poterla usare a occhi chiusi. E questo, come vedremo meglio più avanti, è un elemento costitutivo di tutte le strategie che propongo e che, pur con modalità diverse, ricorrono sempre alla stessa formula di base: la ripetizione, che innesca nei nostri comportamenti dei circoli virtuosi.

Domani smetto di fare lo psicologo

Quindi, all'età di diciotto anni, ho lasciato Cecina per studiare all'Università di Firenze. Se proprio devo dire la verità, l'ho fatto non solo per interesse verso la psicologia, ma anche per due motivi molto più pratici: primo, volevo andare via di casa e vivere da solo;

secondo, pensavo di imparare una professione che mi tornasse utile da grande, anzi direi quasi da vecchio. In quegli anni, infatti, ero ancora convinto che sarei diventato un musicista di fama internazionale, e che quello dello psicologo fosse per così dire un mestiere da tenermi di scorta per quando, raggiunta una certa età, avrei dovuto per forza rassegnarmi a scendere dal palco e trovarmi un lavoro "normale". Le cose poi non sono andate come immaginavo, anzi...

Comunque, a Firenze mi sono laureato con una tesi sulla psicosintesi, una corrente psicologica che punta al benessere totale e armonico dell'individuo. Per dirla con le parole del suo più grande teorico, Roberto Assagioli, la psicosintesi è «un metodo di autoformazione e realizzazione psicospirituale per tutti coloro che non vogliono accettare di restare schiavi dei loro fantasmi interiori e degli influssi esterni, di subire passivamente il gioco delle forze psicologiche che si svolge in loro, ma vogliono diventare padroni del proprio regno interiore». Potete immaginare come una corrente del genere tenda a travalicare gli aspetti più concreti delle nostre vite per esplorare con parametri psicologici anche tutta la materia oscura che abbiamo dentro e ci circonda: le cose indefinibili, i segni che ci appaiono quasi magici, in sostanza tutto ciò che non riusciamo a incasellare in una spiegazione razionale.

Assagioli ha creato una raffigurazione grafica per spiegare con più chiarezza l'anatomia della psiche. Si tratta di un uovo, o meglio di un ovoide, fatto così:

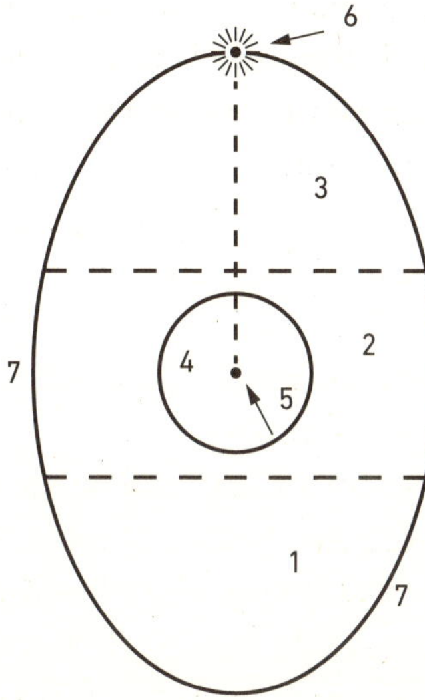

1. INCONSCIO INFERIORE
2. INCONSCIO MEDIO
3. INCONSCIO SUPERIORE
4. CAMPO DELLA COSCIENZA
5. IO PERSONALE
6. SÉ PERSONALE
7. INCONSCIO COLLETTIVO

Come vedete, è diviso orizzontalmente in tre settori: l'1 è l'inconscio inferiore (sogni, impulsi primitivi, funzioni psicologiche); l'inconscio 2 è il medio (coscienza, intelletto, lavoro artistico); l'inconscio 3 è il superiore (slanci creativi, principi filosofici, estasi e illuminazioni). Il cerchio al centro dell'uovo, con il numero 4, rappresenta il campo di coscienza, ovvero la consapevolezza; il suo centro, il 5, è l'Io cosciente e vigile. Questi però è legato a doppio filo con un altro Io, rappresentato nel punto 6 e chiamato sé superiore o transpersonale: è quello che resta attivo sempre, anche quando la coscienza si spegne (per esempio durante il sonno o uno svenimento, durante l'ipnosi, o quando siamo talmente concentrati su una cosa da non accorgerci di tutto il resto). Assagioli è il primo psicologo a inserire il concetto di transpersonale nei suoi schemi, aprendo la strada così, pur con la massima serietà, a concetti altamente spirituali: è quello che, nella vita di tutti i giorni, comunemente si chiama anima. Fuori dall'uovo, con il numero 7, c'è l'inconscio collettivo, che ci accomuna a tutti gli altri esseri umani di ogni epoca e latitudine.

Le linee che distinguono le varie sezioni, come vedete, sono tratteggiate, perché delimitano delle aree a sé, ma non divise le une dalle altre: anzi, ogni parte comunica con tutte le altre. Il concetto alla base di questo pensiero è che, solo riconoscendo e accettando le proprie diversità, l'uomo può esercitare la sua volontà e arrivare a completarsi in maniera armonica, senza escludere importanti tasselli del proprio essere.

Lo studio della psicosintesi mi è servito molto sul piano personale, perché ha dato delle risposte alla mia attrazione per le cose non tangibili. Però avevo qualche perplessità sulla possibile applicazione pratica di questi concetti, e questo mi ha spronato a proseguire i miei studi per saperne sempre di più e trovare un metodo operativo che facesse al caso mio[2]. Dopo la laurea ho dato l'esame di Stato e ho iniziato subito a

[2] Anche se ho capito che la psicosintesi non sarebbe stata la strada giusta per il mio percorso professionale, resta il fatto che si tratta di una teoria straordinaria, e che Assagioli è, a mio parere, una figura che merita di essere approfondita. Fra i suoi libri, consiglio sicuramente *Principi e metodi della psicosintesi terapeutica* (Astrolabio, 1973) e *L'atto di volontà* (Astrolabio, 1977).

esercitare come psicologo. Prima lo facevo a casa mia, pur vivendo in un monolocale. Non ho mai capito come potessi avere anche solo un briciolo di credibilità quando ricevevo i pazienti nell'unica stanza della casa, che mi faceva contemporaneamente da camera da letto, cucina, soggiorno e studio... però le persone venivano comunque da me e questo è stato un importante riscontro per la mia professionalità, oltre a un forte stimolo per andare avanti.

Il passo successivo è stato affittare uno studio vero e proprio. L'unico dettaglio è che l'ufficio che mi piaceva (nonché l'unico che mi potessi permettere...) era in uno stabile occupato per il resto da geometri, e la sala d'attesa era in comune. E così, seduti uno vicino all'altro, c'erano un tizio che veniva a chiedere informazioni ai miei "vicini" e un altro che veniva da me a "ristrutturare" la sua personalità...

Fin da subito, mi sono posto il problema di farmi conoscere. Parafrasando Marco Montemagno, mi chiedevo: «Perché la gente dovrebbe venire proprio da me?». C'erano due risposte possibili: perché sono il più bravo, oppure perché tutti mi conoscono. La prima era la più complessa, ma rientrava comunque fra le mie ambizioni (la strada è ancora lunga, lunghissima, ma mi piace avere un ideale alto verso cui puntare). Spinto dalla curiosità e dalla voglia di migliorarmi, ho iniziato a fare corsi di ogni genere: workshop, scuole di specializzazione, convegni sugli argomenti più disparati. Sono diventato, e lo sono ancora, un accumulatore seriale di corsi e diplomi.

Però dovevo anche battere la seconda strada, ovvero farmi conoscere. Per riuscirci, ho usato una strategia veramente massiccia: mi sono fatto stampare migliaia di biglietti da visita e ho iniziato a darli a chiunque mi capitasse a tiro. Lo facevo con una meticolosità incredibile e raggiungendo a volte anche qualche picco di follia. Per esempio, ogni quindici giorni andavo da un barbiere diverso e riempivo il suo negozio con i miei recapiti. Oppure cambiavo bar ogni sera, conoscevo gente nuova, e lasciavo a tutti i miei biglietti da visita. Volevo essere sicuro che tutti sapessero della mia esistenza e che, in caso di bisogno, potessero trovarmi facilmente. Molti anni fa ho aperto la mia pagina Facebook, che ha raggiunto in maniera piuttosto inspiegabile, e senza alcuna pubblicità, la bella cifra di 12.000 iscritti. Me ne sono occupato a lungo io, e poi ha iniziato ad aiutarmi Annamaria, una mia ex cliente che, finito il percorso insieme, è rimasta affascinata dalle mie tecniche al punto da voler collaborare con me. E il suo lavoro è davvero prezioso.

Nel frattempo non ho mai smesso di lavorare e studiare, aprendo nuovi studi (ora ne ho cinque: a Cecina, Livorno, Piombino, Roma e da poco anche a Milano); sono stato scelto come psicologo per alcune trasmissioni televisive, come *Matrimonio a prima vista* e *Wishlist*; ho avuto l'opportunità di tornare a occuparmi di uno dei miei più grandi amori di sempre, il teatro... insomma, ho cercato di crescere e di fare tutte quelle esperienze che potessero aiutarmi a imparare e mettermi alla prova giorno dopo giorno.

Anche se vi confesso che a volte ho qualche dubbio. Amo il mio lavoro, ma a volte mi sembra più una condanna che una vocazione perché mi porta a vivere in un mondo pieno di paradossi. Volete sapere qual è il più grande di tutti? Che la realtà non esiste. E se non esiste la realtà, non esiste neanche la psicologia. Capite ora quanto possa essere complesso fare un mestiere che non esiste?

La psicologia non esiste

«La credenza che la realtà che ognuno vede sia l'unica realtà è la più pericolosa di tutte le illusioni» scrive Paul Watzlawick. Chi è? E come è arrivato a questa conclusione? Per spiegarlo, devo fare un passo indietro e uno, per così dire, di lato. Siamo a Berlino, attorno agli anni Dieci del Novecento. La corrente psicologica predominante, qui come altrove, è lo Strutturalismo (quindi anche Elementarismo e Associazionismo), un movimento molto scientifico che intende la struttura della mente come una somma di tutte le particelle, ovvero le singole percezioni, che la compongono. Ma poi qualcosa cambia. Un gruppo di studiosi, fra cui Max Wertheimer, inizia a pensarla diversamente. Inaugurano quindi una nuova corrente, chiamata Teoria della Gestalt (*Gestalt* in tedesco significa "forma"), il cui concetto principale può riassumersi in una frase che sicuramente vi sarà già capitato di leggere: «Il tutto è molto di più della somma delle singole parti».

Questo significa che ogni esperienza non è semplicemente formata da un insieme di percezioni, ma anche e soprattutto dal modo in cui ogni individuo collega ed elabora queste informazioni, dando vita, appunto, a una forma che non è mai uguale e che spesso ha ben poco a che vedere con la cosiddetta realtà.

Sono convinto di avervi confuso molto le idee con questo breve riepilogo, per cui approfitto di questo vostro attimo di debolezza per sottoporvi un piccolo test, frutto della mente di Gregory Bateson. Guardate l'immagine qui sotto per tutto il tempo che volete, e poi provate a descriverla.

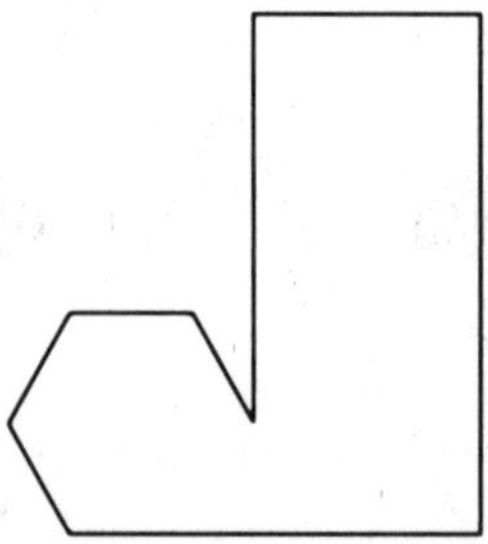

Che cos'è? Alcuni forse pensano a un edificio dalla forma particolare, altri a uno stivale. Se qualcuno di voi è convinto di vedere un gabinetto stilizzato, sappia che non è il solo: in molti hanno dato a Bateson anche questa risposta. Magari qualcuno, con un approccio di stampo matematico, ha intuito nella figura un rettangolo e un esagono. Altri ancora, più geometrici, si saranno concentrati sui segmenti, sugli angoli e le loro ampiezze, sui vertici. Ma quindi, qual è la risposta giusta? La risposta giusta non c'è e, se ci fosse, non sarebbe nessuna delle precedenti. Il punto è che la figura che avete guardato è solo inchiostro su carta. Inchiostro su carta: nient'altro. È la nostra mente, ancor più dei nostri occhi, a farci interrogare sulla sua essenza e a suggerirci possibili soluzioni che hanno a che fare con le nostre esperienze pregresse.

Vi faccio un altro esempio molto famoso. Quello che vedete qui sotto è il Triangolo di Kanisza; un'illusione ottica che prende il nome da Gaetano Kanisza, psicologo italiano della Gestalt.

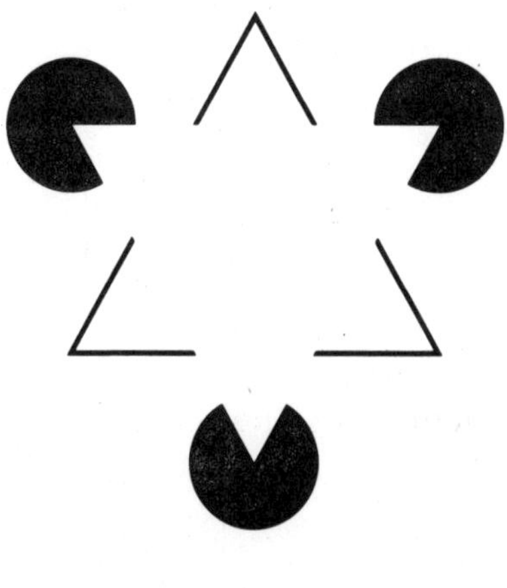

Tutti noi vediamo in primo piano un triangolo bianco, con la punta rivolta verso il basso, che per di più sembra quasi più luminoso dell'area circostante. Eppure, come si può capire facilmente con un'osservazione più attenta, questo triangolo non c'è. Non esiste: è il nostro cervello a crearlo, unendo le forme presenti per inventare un'immagine (quella appunto del triangolo) che ognuno di noi conosce bene.

La nostra mente non è mai solo passiva. Non si limita a ricevere degli stimoli dagli organi sensoriali, bensì li elabora e li organizza in base alle sue conoscenze e alle esperienze che ha già vissuto. È come dare lo stesso spartito a due pianisti: le note sono sempre quelle, ma le loro esecuzioni non saranno mai identiche. Se volete fare una prova nel quotidiano, chiedete a due persone che conoscete di descrivervi una scena a cui hanno assistito entrambi (un film, per esempio, o anche solo un oggetto statico): otterrete due resoconti diversi. Chi dei due ha ragione? Istintivamente vi verrà da darla alla persona che ha un vissuto più affine al vostro, e che quindi pensa in maniera più simile a voi. Ma è davvero così? O forse sarebbe più onesto ammettere, per usare un'altra frase che di certo già conoscete, che «esistono tante realtà quanti sono gli occhi degli osservatori»?

Personalmente mi sento molto vicino alla matrice teorica che comprende la Cibernetica di Newton da Costa e il Costruttivismo radicale di Watzlawick, in base alla quale non esiste una realtà oggettiva, ma tante realtà quanti sono i punti di vista che la descrivono. Forse anche perché sono leggermente daltonico, e quindi vedo i colori in maniera diversa da come li vedono molte altre persone. Questo allora vuol dire che la mia visione è sbagliata? O che è sbagliata quella degli altri? Niente di tutto questo: sono semplicemente due opinioni diverse che possono benissimo convivere.

Noi umani, per orientarci nella complessità del mondo, tendiamo sempre a cercare delle semplificazioni estreme, orientandoci su soluzioni binarie: bianco/nero, vero/falso, giusto/sbagliato. È un atteggiamento naturale, che in molti casi ha contribuito a salvarci la vita. Spesso, invece, ci porta completamente fuori strada. Credo che l'importante sia soprattutto esserne consapevoli e prendersi un po' di tempo per riflettere sul modo in cui vediamo il mondo nel quale viviamo. Ci sono cose che è importante chiedersi di tanto in tanto. Per esempio: «Voglio pensare di avere sempre ragione? Ho la presunzione di credere che il mio punto di vista sia l'unico valido? O sono disposto ad ammettere che l'opinione degli altri vale quanto la mia?».

Facciamo ancora un passo indietro, per scoprire come evolve la nostra Gestalt. La Teoria, negli anni del Nazismo, emigra per così dire dalla Germania agli Stati Uniti: molti dei suoi esponenti, come Kurt Lewin e

Kurt Koffka, sono di origine ebraica, quindi si trovano costretti a lasciare l'Europa. Sempre negli States, qualche decennio più tardi, questi concetti vengono ripresi e ampliati nella famosa Scuola di Palo Alto, quella che gravita attorno al Mental Research Institute. L'istituto nasce da un grandioso progetto di Don Jackson e coinvolge, fra gli altri (e in periodi e misure diverse), i già citati Milton Erickson, Gregory Bateson, Paul Watzlawick, Jay Haley. Dai loro studi, nasce la psicologia strategica, che è quella di cui mi occupo io e che in Italia è arrivata negli anni Settanta grazie soprattutto all'avvocato e psicologo Guglielmo Gulotta e alla Scuola di Milano, guidata da quella straordinaria psichiatra che era Mara Selvini Palazzoli, e da allora non ha mai smesso di diffondersi e generare nuovi studi.

Ma in cosa consiste esattamente la psicologia strategica? Si tratta di un insieme di tecniche molto mirate, che aiutano le persone a circostanziare e risolvere i loro problemi tramite una serie di esercizi che generano degli automatismi. Rispetto alla psicoanalisi classica, i percorsi strategici hanno alcune caratteristiche peculiari: sono brevi (di solito si concludono in meno di dieci sedute); richiedono che chi vi ricorre compia autonomamente una certa serie di azioni fra una seduta e l'altra; fanno ricorso a logiche paradossali. Strano, vero? Mi rendo conto che possa sembrare tutto molto bizzarro, e forse anche poco canonico, eppure non è così. Ritengo che la psicologia strategica sia una disciplina estremamente rigorosa.

I GRANDI ESPLORATORI

PAUL WATZLAWICK

Watzlawick (1921-2007) è stato il più grande studioso di pragmatica della comunicazione umana del Novecento. Nato in Austria, si laureò a Venezia per poi frequentare l'Istituto di Psicologia analitica di Zurigo. Nel 1960 iniziò a lavorare al Mental Research Institute di Palo Alto, con Jackson e Bateson, e poi divenne professore emerito all'Università di Stanford. A detta di molti, è stato lo psicologo che più ha saputo coniugare psiche e pensiero. Il suo lavoro ha entusiasmato e influenzato generazioni di psicologi, comunicatori e lettori: non necessariamente addetti ai lavori, perché uno dei suoi talenti più grandi era proprio quello di riuscire a spiegare le questioni più complesse con parole semplici e dirette. Ed era anche poliglotta: parlava e scriveva correttamente sette lingue!

E magari, se vorrete mettervi alla prova con le tecniche che vi suggerirò nei prossimi capitoli, vi renderete conto della loro efficacia e serietà.

Sia chiaro, in questo campo nessuno fa miracoli. Per ottenere dei risultati, come sempre nella vita, bisogna lavorare. Il verbo più importante nella psicologia strategica è uno solo: "fare". In questo campo bisogna prima di tutto fare piazza pulita di tutte quelle giustificazioni a cui spesso ci si aggrappa: «Ma io credevo...», «Ma io pensavo...», «Ma io volevo...».

Non sono questi gli elementi rilevanti in un processo di cambiamento. Non è importante quello che pensiamo, ma quello che facciamo, soprattutto nel quotidiano. È dall'azione e dalla ripetizione che arrivano le soddisfazioni, non dai desideri. Perché, come abbiamo visto poco fa, la realtà non è oggettiva e ha poco a che vedere con quello che ci accade, bensì con ciò che facciamo con quello che ci accade.

Ipnostrategia

La psicologia strategica, come dicevo, è il mio principale campo di azione, ma non l'unico. L'altro grande mondo con cui mi confronto quotidianamente è quello dell'ipnosi[3]. E qui devo subito fare una premessa. Da piccolo ero tremendamente affascinato dal concetto dell'ipnosi, perché la vedevo come qualcosa di magico. Forse non ero l'unico a pensarla in questo modo:

[3] Per spiegare cos'è l'ipnosi, ricorrerò alla definizione di Franco Granone, uno dei più grandi studiosi dell'argomento: è «la possibilità di indurre in un soggetto un particolare stato psicofisico che permette di influire sulle condizioni psichiche, somatiche e viscerali del soggetto stesso, per mezzo del "rapporto" creatosi fra questi e l'ipnotizzatore». Se volete saperne di più di questo tema, e se non vi spaventate davanti ai libri con più di ottocento pagine, consiglio assolutamente il *Trattato di ipnosi* di Granone (Bollati Boringhieri, 1983, oppure Utet, 1989).

Un altro libro per me importantissimo, e anche con un approccio più pratico, è *Ipnosi. Aspetti psicologici, clinici, legali, criminologici* di Guglielmo Gulotta (Giuffrè, 1980), avvocato e psicologo, oltre che uno dei primi a portare in Italia il metodo strategico insieme a Mara Selvini Palazzoli.

molte persone, ancora oggi, la ricollegano a una sfera oscura, intangibile, e quindi sovrannaturale. È la cosiddetta ipnosi da palcoscenico, in base alla quale un mago riuscirebbe a far cadere chiunque in uno stato di dormiveglia per poi fargli eseguire, con successo, ordini più o meno bizzarri.

Non è questo quello che faccio io, anzi. Nel mio approccio l'ipnotizzatore non è uno stregone, ma un professionista che ha studiato e conosce delle tecniche precise per influenzare la fantasia e la volontà di chi gli si sottopone per propria scelta e con fini terapeutici o simili (non necessariamente la gente viene da me a farsi ipnotizzare per risolvere delle patologie: spesso vuole solo rilassarsi, o un aiuto per migliorare le proprie performance sportive o sul lavoro, oppure ha bisogno di combattere una particolare paura...). Per contro nessuno, da ipnotizzato, farebbe mai qualcosa che davvero non vuole fare.

Ragionando al di fuori di pregiudizi e stereotipi, è vero anche che di teorie a proposito dell'ipnosi ce ne sono state e ce ne sono decine, tutte diverse. Anche in questo caso, è molto difficile stabilire quale sia la migliore, e impossibile definire quali siano giuste e quali sbagliate (il giusto e lo sbagliato non esistono, ricordate?). Non c'è una versione univoca: ogni professionista, credo, dovrebbe scegliere quella che fa più al caso suo, che rispecchia il suo percorso e le sue credenze. Io l'ho fatto e, ovviamente, mi sono indirizzato verso l'ipnosi ericksoniana.

Le tecniche di Erickson partono da un presupposto: che la trance sia uno stato naturale dell'individuo, proprio come la veglia e il sonno, e che sia possibile ricrearla attraverso frasi, modulazioni della voce, espressioni facciali, piccoli gesti. Non c'è assolutamente nulla di straordinario in questo procedimento; è, anzi, un approccio molto dolce, fluido, naturalistico. Credo che di tanto in tanto capiti anche a voi di fissare gli occhi in un punto imprecisato della stanza e isolarvi da tutto il resto, persi nei vostri pensieri; oppure di essere talmente concentrati nella vostra attività (lavoro, studio, svago, sport, arte...) da dimenticarvi del mondo che vi circonda. Anche queste sono forme di trance, seppure a un livello più lieve. La trance più profonda assomiglia al sonno ma non lo è, perché in questo stato l'individuo è comunque responsivo ovvero risponde ai comandi e alle richieste che gli vengono fatte, sempre se, come si diceva prima, queste non vanno contro la sua volontà.

La trance può forse sembrare uno stato misterioso, a volte persino innaturale, eppure gli uomini la conoscono e la ricercano da sempre. In molte culture c'è l'usanza di ascoltare musica e ballare ritmicamente fino a raggiungerla (pensate ai dervisci rotanti turchi, per esempio, ma anche alla taranta, già diffusa come rituale in Puglia nel Medioevo), per alterare la propria percezione della realtà. Ma non solo gli uomini si ipnotizzano da sempre: lo fanno anche gli animali[4]! È

[4] Sull'ipnosi animale c'è un libro molto interessante, ma purtroppo altrettanto irreperibile, di F.A. Völgyesi. Io sono riuscito a mettere le mani

noto come anaconda e pitoni ipnotizzino le loro prede, tipicamente ratti o conigli, prima di attaccarle. Nel 1646 un gesuita, padre Athanasius Kircher, riuscì a far cadere in trance ipnotica una gallina legandole le zampe e adagiandola su un asse, sul quale disegnò, all'altezza del becco dell'animale, una linea con il gesso. Inizialmente la gallina si agitò, ma poi si immobilizzò e rimase completamente ferma anche quando venne slegata. Per "rianimarla" fu necessario darle qualche piccolo colpetto su un fianco, e fare molto rumore. Ferenc Andreas Völgyesi, studioso ungherese che lavorava con l'elettricità a basso voltaggio, riuscì persino a ipnotizzare in un solo giorno un intero zoo – elefanti esclusi, ma leoni compresi!

Tornando nel mondo umano, come si induce uno stato di trance profonda? Ci sono molte strategie, la maggior parte delle quali sono basate sul concetto ritmico della ridondanza. Vi è mai capitato di addormentarvi in treno, cullati dal suo "*tutum-tutum*"? Ecco, con l'induzione della trance nell'ipnosi ericksoniana succede qualcosa di simile. Per esempio, il movimento costante e regolare di un pendolino o delle mani dell'ipnotizzatore, alcune musiche particolarmente ripetitive, un respiro ben scandito e magari allineato a un altro movimento (per esempio la chiusura degli occhi) sono elementi che possono far scivolare il pazien-

solo sulla traduzione americana (*Animal Hypnosis*); so che ne esiste anche una italiana, intitolata *L'ipnosi umana e animale*, che però non ho mai trovato... ve la segnalo lo stesso, nel caso siate più fortunati di me!

te in un mondo che non è sonno ma non è neppure veglia, e che io paragono allo stand-by del televisore.

Un altro stratagemma è quello di ricorrere ai truismi (dall'inglese *true*, "vero"), ovvero a delle frasi che contengono delle verità talmente evidenti da suonare come ripetizioni, e quindi diventare necessarie a tranquillizzare l'interlocutore e far sì che, magari senza accorgersene, abbassi il proprio livello di coscienza. Per esempio, io posso descrivere a un mio cliente come è vestito, oppure il suo aspetto, la disposizione dei mobili nella stanza in cui ci troviamo e così via. La ripetizione della realtà – quella percepita e quella raccontata – fa sì che l'attenzione diventi superflua. C'è un aneddoto molto carino a questo proposito. Milton Erickson, trovandosi alle prese con un paziente particolarmente difficile da ipnotizzare, mandò uno dei suoi otto figli a esaminare l'esterno della sua casa, chiedendogli di riferirgli poi ogni minimo dettaglio. Durante la seduta usò tutte queste informazioni per indurre uno stato di trance nel suo paziente, e in questo modo ci riuscì senza problemi.

Una persona in trance è più propensa ad assorbire un messaggio metaforico, trasmesso dall'ipnotizzatore con un linguaggio possibilista (per esempio, io ai miei pazienti non direi mai: «Adesso la tua mano destra è più fredda della sinistra», bensì: «È possibile che una delle tue mani sia più fredda dell'altra»). Queste suggestioni possono avere un effetto fisiologico sul corpo dell'ipnotizzato, diventando così un potente messaggio trasformativo. Personalmente credo che l'approccio ipnotico funzioni molto bene soprattutto in caso di problematiche psicosomatiche, come per esempio psoriasi, emicrania, coliti e così via. In questi casi il mio messaggio non è mai diretto al problema in sé per sé, ma è piuttosto volto a ricrearlo in una maniera allusiva e più facile da assorbire.

Il punto è che l'ipervigilanza porta alla distrazione. Immaginate, per esempio, di trovarvi da soli a letto, al buio, magari in una casa isolata, e di sentire un piccolo rumore. La paura farà sì che tutti i vostri sensi si mettano all'erta, pronti a percepire e registrare nuove informazioni: altri suoni sinistri, variazioni luminose, odori particolari... Se in quel preciso momento qualcuno vi dicesse qualcosa, voi quasi non ve ne accorgereste, a prescindere dall'importanza del messaggio. La trance, invece, è un momento di concentrazione piena e totale. Pensate per esempio allo stato in cui si trovano gli sportivi quando tentano di raggiungere un obiettivo per loro molto importante (l'ultimo chilometro di una maratona, o la scalata alla vetta di un monte). In quei momenti non vedono ciò che hanno intorno, non sentono gli incitamenti, ignorano persino i loro stessi limiti fisici, perché sono completamente focalizzati sulla loro meta – e infatti questa situazione è detta appunto trance agonistica.

Per contro, ci tengo a ribadire che, per quanto l'ipnosi possa sembrare magica, non lo è, nella maniera più assoluta. Nel modo in cui io la esercito, non ha nulla a che vedere con il mesmerismo (la corrente di Franz Anton Mesmer, medico tedesco convinto che l'ipnotista dovesse agire magneticamente sul "fluido vitale" presente in ogni individuo per rimuovere eventuali blocchi o problemi) né con le vite precedenti né con alcun inspiegabile fenomeno paranormale. È una tecnica efficace, questo è innegabile, ma soprattutto è molto pratica e naturale, senza alcun punto oscuro.

Facce parlanti

Un altro tema che cerco da sempre di approfondire è quello della comunicazione. Che, detto da uno psicologo, è un concetto estremamente banale. Un po' come se vi dicessi: «Sapete, io preferisco respirare che non farlo». Ebbene sì: amo respirare e mi interesso moltissimo di comunicazione. Come tutti gli psicologi, è vero, perché la comunicazione è la base di ogni nostro rapporto (con il partner, con la famiglia, con noi stessi, con gli altri...) ed è in questo campo enorme e molto variegato, impossibile da approfondire in questa sede, che si nascondono le maggiori insidie. Pensate a quante volte siete stati male perché non siete riusciti a esprimere qualche vostro sentimento come avreste voluto (ogni genere di sentimento: amore per qualcuno che non c'è più, rabbia verso il capoufficio, preoccupazione per un amico...), a quando vi siete pentiti di aver usato le parole sbagliate, a quando siete stati feriti dai messaggi altrui o a quando, da una semplice frase non capita, è scaturita una lite o addirittura la fine di una relazione...

Mi piacerebbe quindi farvi riflettere su questo concetto: noi umani trascorriamo quasi tutte le nostre giornate comunicando qualcosa agli altri e ricevendo le loro comunicazioni. È un processo continuo e inarrestabile, molto più pervasivo di quanto crediamo. Forse ora starete pensando: "Ma io di solito non parlo molto", oppure: "Ora che leggo il libro però non sto comunicando niente a nessuno", o ancora, vista la nostra epoca: "Saranno giorni che non posto nulla sui social!". Sono obiezioni comprensibili, che però non tengono conto di un fattore determinante: comunicare non significa solo parlare, scrivere, gesticolare. È un mondo molto più ampio e complesso, tanto è vero che, come diceva Watzlawick, «non si può non comunicare»[5].

Vi faccio un esempio, preso a prestito dal saggio *Sulla comunicazione umana* scritto da Watzlawick con Don Jackson. Immaginate di essere seduti in aereo, posto finestrino, e di avere di fianco qualcuno che vuole fare conversazione a tutti i costi. Avete due possibilità: o rispondere alle sue domande, e instaurare così un dialogo, oppure rifiutarvi. In questo secondo caso, si aprono una marea di strade. Potreste rispondere seccamente al vicino: «Mi scusi, non ho voglia di parlare» e sperare così di troncare ogni discorso, ma in questo caso comunichereste comunque un rifiuto netto. Op-

[5] Watzlawick è diventato famosissimo anche in Italia negli anni Ottanta con il libro *Istruzioni per rendersi infelici* (Feltrinelli, 2018). Molto importanti fra i suoi scritti sono anche *Di bene in peggio* (Feltrinelli, 2013) e *Pragmatica della comunicazione umana* (Astrolabio, 2008), scritto quest'ultimo con Don Jackson e Janet Beavin.

pure, più sottilmente, potreste fingere di avere altro da fare: lavorare, per esempio, o leggere un libro. Di nuovo, però, lancereste un messaggio: «Vorrei comunicare ma non posso, perché devo/voglio fare altro». Messaggio che, per inciso, un vicino ben determinato a chiacchierare riuscirebbe facilmente ad aggirare... O ancora, potreste dichiarare la vostra intenzione di dormire, comunicando così la vostra stanchezza.

Tutto questo per spiegare come anche un rifiuto al dialogo è, di fatto, un dialogo. Anche il silenzio è comunicazione. Pensate al caso in cui qualcuno visualizzi i vostri messaggi sul cellulare ma decida di non rispondere... Non solo. Noi umani associamo molto la comunicazione alle parole, scritte o pronunciate, ma il fatto è che raccontiamo moltissimo di noi stessi anche in altri modi: con il nostro aspetto fisico, il nostro look, i nostri vestiti, il nostro atteggiamento. Come diceva Erving Goffman: «Gli individui, al pari degli altri oggetti su questa Terra, influenzano l'ambiente circostante in maniera congruente con le loro azioni e proprietà. La loro semplice presenza genera segni e tracce: gli individui, in breve, trasudano espressioni»[6].

Alcuni di queste espressioni si possono in qualche modo tenere sotto controllo. Potete scegliere, presentandovi a un colloquio di lavoro, di indossare un ve-

[6] Erving Goffman è un sociologo e uno studioso prezioso, soprattutto nel campo della comunicazione. Nel suo libro *L'interazione strategica* (il Mulino, 2009) si occupa dell'interazione faccia a faccia considerandola come un serissimo gioco, con le sue regole, i suoi vincoli, le sue modalità e, soprattutto, le sue strategie.

stito di ottima fattura invece di jeans strappati e una maglietta sdrucita, e in questo caso comunicherete una maggiore serietà professionale. Io poi sono dell'opinione che anche i jeans strappati vadano benissimo: l'importante è che, indossandoli, siate consapevoli dell'effetto che fanno agli occhi degli osservatori. Detto ciò, massima libertà: Steve Jobs spesso si presentava scalzo e faceva comunque un figurone!

Potete allenarvi per dosare le parole da dire, scegliendo di volta in volta quelle più opportune, in modo da rendere più precisa la vostra comunicazione. Ma tenere tutto sotto controllo è davvero molto difficile: basta un'occhiata, un innalzamento delle sopracciglia, una piccola piega presa dall'angolo delle labbra per lanciare un messaggio inconscio completamente diverso da quello che, coscientemente, state cercando di far passare.

Siccome, come vi dicevo, in fatto di corsi sono un ossessivo compulsivo, qualche anno fa ho deciso di specializzarmi nella decodifica delle microespressioni facciali[7]. Mi interessava saperne di più per capire come e cosa comunico agli altri con il mio volto, senza accorgermene, e cosa invece gli altri comunicano a me. Volevo, insomma,

[7] Una cosa forse non molto nota, ma interessantissima: il primo a studiare e codificare le espressioni facciali fu Charles Darwin, che raccolse i suoi studi nel volume *L'espressione delle emozioni nell'uomo e negli animali* (Bollati Boringhieri, 2012). Darwin sostiene che le espressioni facciali siano fondamentali nella teoria evoluzionistica, perché da sempre hanno il compito di comunicare concetti importanti in maniera immediata (pensate a un animale che si trovi in una situazione di pericolo e voglia avvisare il più velocemente possibile i suoi simili) e quindi di aiutare il proprio gruppo a adattarsi all'ambiente.

avere padronanza di un mio mezzo di espressione allo scopo di comunicare con più consapevolezza.

Ho avuto la fortuna di fare un training in America con Paul Ekman[8] e in Italia con Diego Ingrassia[9], il massimo esperto di microespressioni facciali, che le ha studiate per anni non solo in Occidente ma in giro per il mondo, persino nelle più remote comunità indigene, per poi accorgersi che, senza saperlo, tutti gli esseri umani utilizzano gli stessi muscoli facciali, e nello stesso modo, per esprimere determinate emozioni. Questo vale in particolare per sette emozioni universali, che potrete vedere ben dettagliate nelle immagini di seguito: sono rabbia, disgusto, felicità, tristezza, sorpresa, disprezzo, paura.

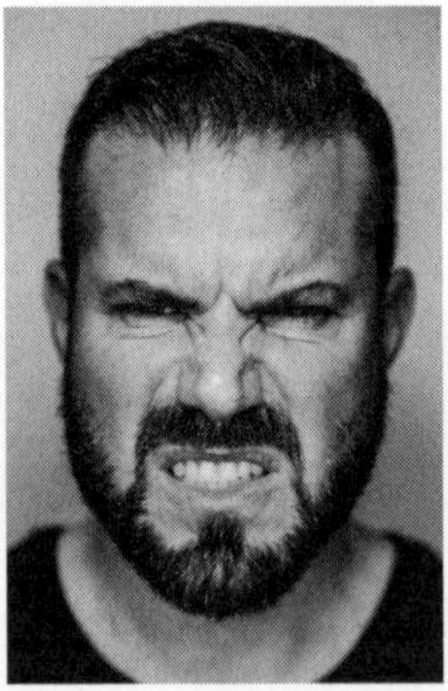

RABBIA

1. SOPRACCIGLIA ABBASSATE E TENDENTI A UNIRSI AL CENTRO
2. TENSIONE NELLA PALPEBRA INFERIORE E SUPERIORE
3. BOCCA APERTA

[8] Per i fan delle serie TV: Paul Ekman ha ispirato *Lie to me*, di cui è anche consulente scientifico. Il personaggio di Cal Lightman, protagonista della serie, ricalca molto la sua figura professionale.

[9] *Il cuore nella mente* (Roi Edizioni, 2018) è un libro di Diego, con prefazione di Ekman, che vi consiglio davvero molto se volete saperne di più sui mille modi in cui, fisicamente, esprimiamo le nostre emozioni quasi senza accorgercene.

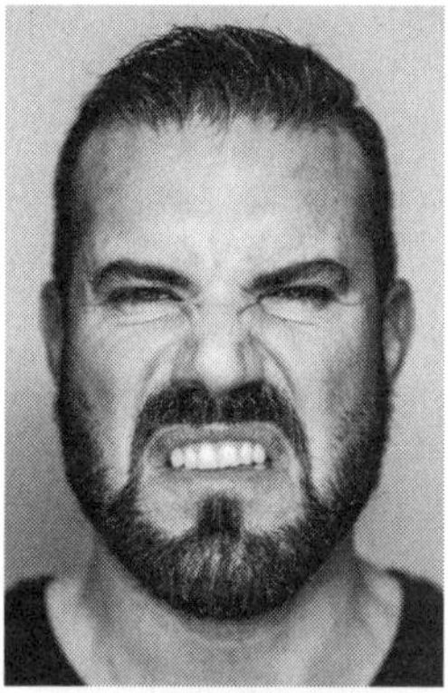

DISGUSTO

1. NASO ARRICCIATO
   GUANCE ALZATE
2. LABBRO SUPERIORE ALZATO
3. PALPEBRA SUPERIORE E
   SOPRACCIGLIA ABBASSATE
   PALPEBRA INFERIORE ALZATA

FELICITÀ

1. RUGHE ATTORNO AGLI OCCHI
2. PALPEBRE INFERIORI ALTE
   E GUANCE ALZATE
3. ANGOLI DELLA BOCCA
   TESI VERSO L'ALTO

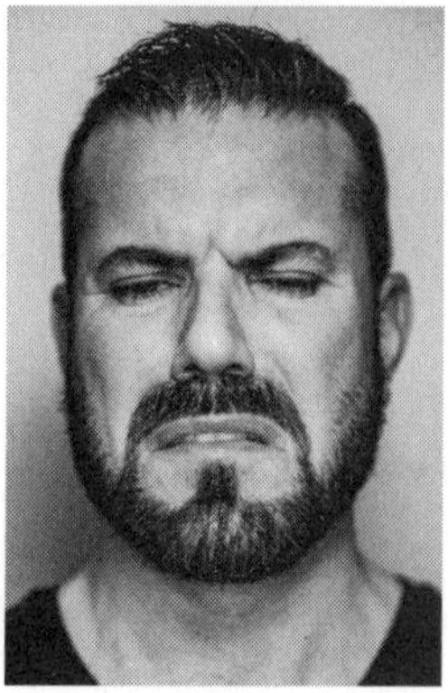

TRISTEZZA

1. ANGOLI INTERNI DELLE
   SOPRACCIGLIA ALZATI
2. ANGOLI INTERNI DELLE PALPEBRE
   SUPERIORI ALZATI
3. ANGOLI DELLA BOCCA
   VERSO IL BASSO

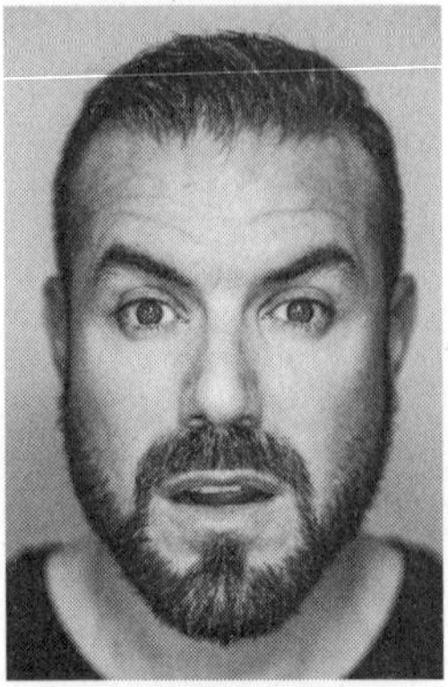

SORPRESA

1. SOPRACCIGLIA ALZATE E CURVATE VERSO L'ALTO
2. OCCHI SPALANCATI
3. BOCCA APERTA

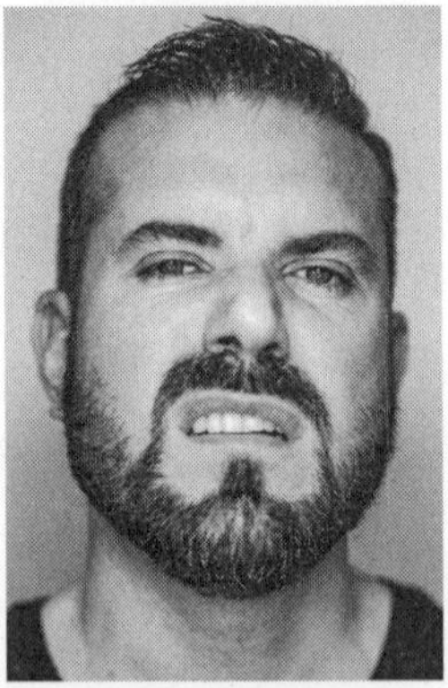

DISPREZZO

1. ANGOLO DELLA BOCCA TESO VERSO L'ALTO O L'ESTERNO

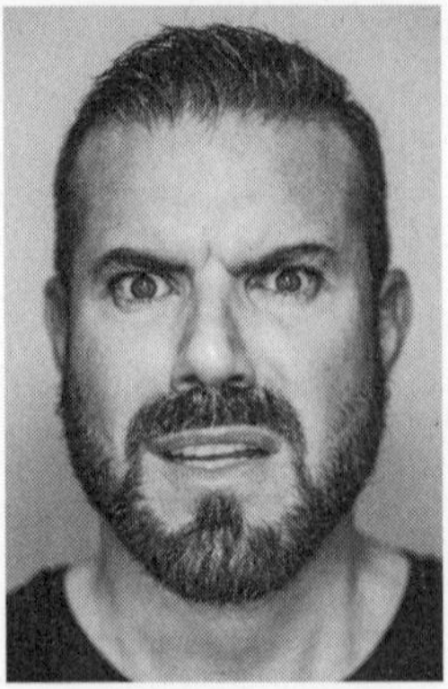

PAURA

1. SOPRACCIGLIA ALZATE CHE TENDONO A UNIRSI
2. PALPEBRA SUPERIORE ALZATA
3. PALPEBRA INFERIORE TESA
4. BOCCA APERTA E LABBRA TESE VERSO L'ESTERNO

Ho voluto inserire queste immagini per darvi l'opportunità di conoscerle e studiarle, se per caso non le avete mai viste, in modo da sincronizzarvi al meglio con i vostri interlocutori, ma anche da iniziare ad affinare l'osservazione di voi stessi per capire, in momenti particolari, cosa state davvero provando a livello emotivo. Come vedremo anche più avanti, il contenuto (le emozioni) e il contenitore (le espressioni) si influenzano reciprocamente. In parole più semplici, io non solo faccio una certa faccia perché sono felice; posso anche diventare più felice se mi sforzo di attivare ripetutamente e con costanza determinati muscoli del mio viso.

"Osservare" e "fare" sono due parole fondamentali, arrivati a questo punto del nostro percorso. Finora ho volutamente usato un approccio più teorico, per raccontarvi qualcosa di me, del mio percorso professionale e del mio modo di mettere in pratica quello che ho imparato. Ora invece faccio un passo indietro e vi propongo un modello, creato apposta per questo libro, in cui si alternano esercizi pratici e momenti più riflessivi, che a mio avviso possono tornare utili nel vostro percorso di crescita personale; nell'ottica di migliorare le vostre performance in vari campi; ma anche nel riconoscere e affrontare una vasta serie di blocchi. L'obiettivo è quello di acquisire una maggiore consapevolezza e scoprire le tecniche più risolutive per combattere le difficoltà e ritrovare il proprio benessere in varie circostanze: da soli, in famiglia, in coppia, sul lavoro, in mezzo agli sconosciuti. Ho voluto strutturare questo percorso, che ho chiamato metodo ASTRO, in una serie graduale di tappe che potete sfruttare nella misura in cui volete, rispettando i vostri tempi e le vostre esigenze. E che, con un po' di impegno, potranno aiutarvi a raggiungere i vostri obiettivi.

Il metodo ASTRO

"Che c'entra ora l'astro? Non è che Gerry Grassi non vuole più fare lo psicologo e si mette a fare l'astrologo?" Se vi è venuta in mente questa obiezione, vorrei rassicurarvi: non ho nessuna intenzione di indossare una tunica da stregone e spiegarvi in che misura le vostre difficoltà dipendano dalle costellazioni e possano essere risolte con uno studio accurato dei segni zodiacali. Ho scelto il termine "astro" per varie ragioni, che non hanno nulla a che vedere con gli oroscopi.

L'astro per me è una guida; la stella che ognuno di noi cerca per orientarsi quando è in difficoltà. È un simbolo di salvezza, che non si trova nella tecnologia ma nella natura, e in fondo anche dentro di noi. È un'immagine ancestrale, perché da sempre l'uomo rivolge gli occhi al cielo per trovare la propria strada. È un riferimento a *Il piccolo principe*, uno dei miei libri preferiti. «Mi domando» si chiede il protagonista, a un certo punto del libro «se le stelle brillano perché un giorno ognuno possa ritrovare la propria.» Ed è proprio questo che vi invito a fare, attraverso i miei consigli e le mie proposte: trovare dentro di voi le soluzioni ai vostri blocchi e metterli in atto. Non sono io il protagonista di questo libro, il demiurgo in grado di risolvere ogni problema in un battito di ciglia: ognuno di voi è il demiurgo di se stesso!

C'è poi un altro motivo, molto più pratico, per cui ho scelto di parlare di ASTRO. La parola, in effetti, è un acronimo di cinque concetti che mi stanno molto a cuore: Attenzione, Strategie, Tempo, Risoluzioni, Ostacoli.

L'**Attenzione** è quella che ci permette di focalizzarci su noi stessi, di avere consapevolezza di ciò che siamo e di come ci comportiamo, e di scoprire quali sono gli aspetti che potrebbero essere migliorati (non in senso astratto e generico, ma solo nella misura in cui volete cambiare qualcosa che vi fa soffrire o vi blocca). È il momento in cui si definiscono gli obiettivi e si cerca di strutturare un percorso che ci aiuti a raggiungerli.

Le **Strategie** sono le tecniche orientate al problema che ci permettono di affrontare i blocchi e di risolverli, per quanto possibile. Sono tutti esercizi pratici che mirano a un unico, importante obiettivo: il cambiamento. So già che alcune tecniche che vi proporrò vi sembreranno assurde, ma vi chiedo di fidarvi. Non esistono miracoli in questo campo ma, percentuali alla mano, posso dire che mediamente l'86% dei casi così trattati viene risolto in modo soddisfacente.

Il **Tempo** è una variabile fondamentale nel nostro percorso. Ha a che fare con il modo in cui viviamo (rivolti al passato o al futuro, o concentrati sul presente), con la maturazione dei sentimenti e delle risposte alle domande che ci poniamo, con la memoria e con la scansione delle giornate.

Le **Risoluzioni** sono nuove strategie, orientate non più al problema ma alla sua soluzione. Sono tecniche motivazionali che seguono modelli di psicologia positiva, ideali per rafforzare le conquiste ottenute grazie alle strategie e risolvere difficoltà di entità ridotta, oppure per migliorare alcuni aspetti del proprio atteggiamento.

E poi, gli **Ostacoli**. Curioso che io li abbia messi alla fine, vero? Uno arriva fino in fondo, pensa di essere finalmente al sicuro, e invece... Invece no, perché ogni fine è un nuovo inizio e dopo ogni ritorno parte un nuovo viaggio. È quindi importante a questo punto fare tesoro delle esperienze fatte e prepararsi a partire per una nuova avventura, ma con maggiore consapevolezza e, forse, serenità. In questo capitolo cercherò anche di mettervi in guardia dalle ingannevoli *Sirene*, ovvero tutte quelle frasi che a volte vi verrà voglia di pronunciare, ma che invece sarebbe meglio dimenticare, almeno per un po'.

Qua e là, lungo tutto il libro, avete già visto e vedrete dei piccoli box in cui vi racconto qualche curiosità su quelli che io considero i "grandi esploratori", ovvero tutti quei personaggi che, con i loro studi e le loro opere, mi hanno in qualche misura ispirato nella ricerca del mio percorso.

Alla fine della sezione ASTRO, trovate un'altra sezione per me molto importante: il **Workbook**, la parte più pratica, in cui potete esercitarvi (e, spero, divertirvi!) a mettere in pratica le mie suggestioni.

A chi può servire questo percorso che vi propongo? A chiunque abbia la percezione che nella propria vita c'è qualcosa che non va, e abbia la voglia di mettersi in discussione e di lavorare per migliorare. Nelle pagine che seguono troverete tecniche modulabili per qualunque situazione problematica. Ci sono esercizi da fare in coppia, per chi voglia risolvere qualche difficoltà all'interno della propria relazione, e molti spunti per chi, a livello individuale, sente di dover aggiustare il proprio atteggiamento per affrontare in maniera più serena e performante le proprie giornate. Che soffriate per amore o perché qualche timore vi impedisce di comportarvi come vorreste, che vi sentiate in una situazione di stallo o incapaci di raggiungere i vostri obiettivi, che non sappiate da dove iniziare per cambiare la vostra vita o che non riusciate a farvi valere con gli altri, in famiglia o sul lavoro, nel metodo ASTRO troverete consigli, considerazioni e indicazioni pratiche per sbloccare le situazioni che vi fanno soffrire, o che semplicemente non vi fanno sentire a vostro agio.

Concludo dicendo che, essendo tutte le pagine che seguono frutto di anni di studio (non solo miei, ma anche dei più grandi psicologi della storia contemporanea), in questo libro c'è poco spazio per l'invenzione in senso assoluto: molti concetti e strategie sono derivativi. In un campo come la psicologia nessuno crea niente dal nulla e il concetto del copyright non ha alcun senso. Io stesso ho "inventato" delle tecniche che ho presentato a convegni mondiali, in Italia e in

America, ma non avrebbe alcun senso rivendicarne i diritti d'autore, perché probabilmente qualcuno prima di me avrà fatto cose simili e sicuramente dopo di me queste strategie saranno riprese da altri. Noi psicologi non abbiamo in mano alcun brevetto esclusivo né verità assoluta. Piuttosto, abbiamo una sorta di pasta madre da cui chiunque può attingere per realizzare le proprie ricette, nel modo in cui meglio crede, e questo vale per gli amici, i pazienti, gli interessati, i colleghi.

Ritengo inoltre che, per crescere, sia necessario rifarsi agli insegnamenti dei grandi studiosi che ci hanno preceduti. Come recita una frase di Isaac Newton: «Se ho visto più lontano è perché sono salito sulle spalle dei giganti». E io credo talmente tanto al valore di queste parole che me le sono persino tatuate!

Mappa del capitolo

- Secondo Gregory Bateson, tutto è interconnesso grazie alle relazioni.
- Le rigidità portano alla rottura, per non spezzarsi bisogna oscillare.
- La psicosintesi di Roberto Assagioli è una branca della psicologia che, per la prima volta in questa disciplina, considera anche il transpersonale, ossia l'anima.
- Non esiste una sola realtà: ce ne sono tante quanti sono gli occhi degli osservatori.
- Secondo la Teoria della Gestalt, «il tutto è molto di più della somma delle parti».
- La psicologia strategica nasce al Mental Research Institute di Palo Alto, dove lavorano fra gli altri Gregory Bateson, Milton Erickson, Paul Watzlawick. È un approccio che propone tecniche basate sul paradosso, nelle quali la ripetizione genera automatismi virtuosi.
- L'ipnosi ericksoniana consiste nell'indurre uno stato di trance nel paziente in modo da trasmettere messaggi suggestivi e metaforici che diventano trasformativi.

- Lo studio delle microespressioni facciali, a cui si era già dedicato Charles Darwin e, in tempi recenti, Paul Ekman, è utile perché ci permette di scoprire quali messaggi mandiamo agli altri senza accorgercene – e quali loro mandano a noi.
- Il metodo proposto in questo libro si chiama ASTRO e racchiude cinque concetti molto importanti: Attenzione, Strategie, Tempo, Risoluzioni, Ostacoli.

"A" COME ATTENZIONE

Come avrete visto, non ho avuto un percorso professionale particolarmente lineare. Fra l'altro, pur senza sottovalutare l'importanza degli studi che ho fatto e che continuo a fare, resto dell'idea che si possa imparare moltissimo anche dalla vita di tutti i giorni. A volte penso di aver fatto molta più esperienza nel mio campo quando lavoravo al bar da ragazzino, rispetto a quando dopo l'università ho fatto il tirocinio in ospedale... Be', ora forse sto esagerando, ma sono convinto che il quotidiano sia pieno di eventi, non sempre positivi purtroppo, che possono trasformarsi in spunti di riflessione e possono aiutarci a capire meglio chi siamo e cosa vogliamo fare.

È che a volte capitano delle cose che, magari in modo indiretto, ci costringono a guardare noi stessi e la realtà con occhi diversi. A me è successo qualcosa di simile, purtroppo in maniera brutale, quando è morto il mio amico Andrea, un ragazzo che suonava nel mio gruppo. Era giovanissimo, come me del resto, e la sua scomparsa, al di là del dolore che ho provato, mi ha dato una specie di scossa. È come se all'improvviso la realtà che avevo davanti si fosse sfrondata, permettendomi di vedere con lucidità i miei veri obiettivi e di focalizzarmi solo su essi.

Se non avessi saputo cosa volevo fare, difficilmente sarei riuscito a farlo. Come recita un motto di Seneca: «Nessun vento è favorevole per un marinaio che non sa a quale porto vuole approdare». Neanche con tutti i più sofisticati mezzi di navigazione a disposizione potrete sperare di arrivare a destinazione, se non sapete dove vi troviate e quale sia la vostra meta. Può sembrare banale, ma vi garantisco che non lo è affatto: prendere consapevolezza della situazione presente è il modo migliore per raggiungere i propri fini e soprattutto per evolvere. Forse il vostro scopo è quello di perfezionare una performance o la vostra crescita personale, di valicare un limite o superare un blocco, di migliorare un rapporto o il vostro modo di comunicare… In tutti questi casi, e anche in molti altri, la prima cosa da fare è individuare nella maniera più precisa possibile dove siete e dove volete andare. Ho voluto mettere l'**attenzione** come prima tappa di questo nostro percorso perché senza di essa sarebbe impossibile intraprendere un viaggio all'insegna del cambiamento.

L'attenzione, limite e risorsa

L'attenzione è un concetto fondamentale per la psicologia, a cui molti studiosi hanno dedicato anni di ricerche[1]. Riassumendo al massimo, si potrebbe dire che si tratta di un processo cognitivo che si attiva nella nostra mente per permetterci di selezionare alcuni stimoli che riceviamo dall'ambiente e di ignorarne altri. È un espediente necessario, che il nostro cervello mette in atto per affrontare una realtà incredibilmente complessa e piena di informazioni, che per noi sarebbe impossibile processare nella sua interezza. La capacità di concentrarsi su un punto di interesse fa sì che riconosciamo ed elaboriamo in maniera privilegiata le informazioni che ci servono per raggiungere il nostro scopo, qualunque esso sia. Così, se vi trovate in giro in una città che non conoscete e avete una gran sete, i vostri occhi si metteranno alla ricerca di un bar e ignoreranno, almeno per quel momento, tutto il resto: i negozi, i nomi delle strade, le attrazioni turistiche. Risolta quell'esigenza, la vostra attenzione tornerà a concentrarsi su altro.

A volte scegliamo consapevolmente di focalizzarci su un determinato oggetto, persona o evento; altre

[1] Proprio mentre scrivevo queste pagine mi è capitato di leggere un libro autoprodotto di Monica Pierlorenzi: si intitola *Apprendimento strategico* e spiega molto bene alcuni processi relativi all'apprendimento e all'attenzione. Altri libri interessanti sul tema sono *Dov'è il gorilla?* di Richard Wiseman (Sonzogno, 2005, e fra poco capirete il motivo di questo titolo...) e, molto divulgativo, *Focus. Come mantenersi concentrati nell'era della distrazione* di Daniel Goleman (Bur, 2014).

volte invece è questo a imporsi sugli altri per via di alcune sue caratteristiche che ci colpiscono particolarmente. Quali? È difficile dirlo: dipende molto dal contesto e dal vissuto di ogni individuo. In alcuni casi, ad attirare l'attenzione può essere la novità. Immaginate di rientrare a casa dopo una lunga giornata di lavoro e trovare il vostro soggiorno esattamente come l'avete lasciato, a parte un minimo dettaglio: un cuscino nuovo sul divano, un soprammobile su una mensola che prima non c'era. La vostra attenzione si concentrerà immediatamente sull'oggetto "intruso", tralasciando di occuparsi di tutto il resto, perché è un ambiente che già conoscete alla perfezione e non richiede ulteriori indagini.

Al contrario, in alcune situazioni succede l'esatto opposto: è la familiarità, e non la novità, a colpire. Anche se siete su un autobus affollato, all'ora di punta, non potrete fare a meno di notare la presenza di uno sconosciuto che indossa il vostro stesso cappotto. Così come, se comprate una macchina nuova, all'improvviso vi sembrerà che in giro per strada ci siano solo vetture dello stesso modello; se una cara amica vi rivela di essere incinta, avrete l'impressione di incontrare solo donne in stato di gravidanza; se vi capita qualcosa di sensazionale, poniamo, il 21 del mese, improvvisamente inizierete a veder comparire questo numero nei contesti più imprevedibili.

Se si verificano situazioni analoghe non è per via di misteriose coincidenze, né perché il destino sta cercando di dirvi qualcosa. Semplicemente, la vostra attenzione selettiva si attiva quando percepisce degli stimoli che rispondono a percezioni per voi importanti. Su Internet troverete facilmente un video molto carino, uno dei più classici test che vengono fatti a questo proposito[2]. Smettete di leggere per qualche minuto, cercatelo (basta digitare "test attenzione selettiva") e guardatelo.

Fatto?

Incredibile, vero?

Riassumo il contenuto del video, anche se purtroppo dovrò fare uno spoiler. Nel filmato ci sono dei ragazzi, alcuni con la maglia nera e altri con la maglia bianca, che giocano lanciandosi una palla. All'osservatore viene chiesto di guardare con cura il video e focalizzarsi sul numero di passaggi che effettuano i giocatori in maglia bianca. Nel frattempo, in mezzo alla scena passa un attore travestito da gorilla: si ferma un attimo al centro e poi se ne va. La maggior parte delle persone che assistono all'esperimento sono talmente concentrate sul compito che è stato loro richiesto, ossia contare i passaggi, da non accorgersi minimamente della presenza del gorilla, che pure è piuttosto evidente. È il rovescio della medaglia di questo affascinante meccanismo: l'attenzione ci permette di notare ogni dettaglio dell'oggetto che ci interessa, ma al tempo stesso ci impedisce di percepire un evento, seppur macroscopico, che avviene fuori dal nostro campo di

[2] Il test si chiama *The Invisible Gorilla* ("Il gorilla invisibile") ed è stato ideato da due psicologi americani, Christopher Chabris e Daniel Simons.

osservazione. In estrema sintesi, è come un occhio di bue che illumina una parte del palcoscenico lasciando tutto il resto nell'oscurità.

Quello che vi chiederei di fare a partire da ora è quindi puntare questo potente faro su voi stessi e sui vostri obiettivi, senza lasciarvi sviare dai gorilla... ossia dalle distrazioni, che non solo abbondano nell'ambiente che ci circonda, ma anche che noi stessi siamo bravissimi a inventare per ostacolarci in ogni modo.

Prima di iniziare, qualche piccola avvertenza...

L'unica cosa da fare per scoprire a che punto si è arrivati e qual è la propria meta è osservarsi e descriversi. Ma questa, aggiungerei, è anche un'incombenza piuttosto rischiosa, perché espone a una marea di errori. Vi faccio un piccolo esempio, che riprenderemo più tardi nel *Workbook* (*vedi p. 241*): se voi provaste a scrivere su un foglietto cinque aggettivi che, a vostro avviso, vi rispecchiano perfettamente, e poi chiedeste a qualche amico, parente, collega, conoscente di fare lo stesso, e infine confrontaste le risposte... be', probabilmente restereste stupiti nello scoprire non solo che ognuno vi vede in un modo diverso, ma anche che ben pochi vi vedono come vi vedete voi.

Chi ha ragione? Nessuno, a mio avviso. L'importante qui non è tanto stabilire da che parte stia la verità (anche perché, come già si diceva qualche pagina fa, non esiste mai una sola verità, ma piuttosto tante interpretazioni soggettive), bensì ammettere che spesso, nel descriverci, ricorriamo a canoni universali che però ci stanno stretti, oppure addirittura sono in aperto contrasto con la nostra natura. Spesso c'è la tendenza ad appoggiarsi ad autodescrizioni limitanti, come se definirsi e sottolineare le proprie caratteristiche fosse un punto di forza. Per quanto mi riguarda, invece, io sono un sostenitore dell'identità diffusa[3]: ognuno di noi è mille cose diverse e nessun aspetto della nostra personalità è granitico o immodificabile.

Ciononostante, qui vi sto chiedendo di provare a semplificare al massimo una realtà che per sua natura è articolata e mutevole, per poterla scomporre e analizzare in maniera il più possibile precisa. Per farlo, ricorrerò anche ad alcuni schemi: immagini geometriche con un valore puramente pragmatico, che però ci sono utili per riuscire a districarci in mezzo alla complessità. Ci tengo ovviamente a sottolineare che nessuno dei grafici che vi propongo va preso per oro co-

[3] Quello di "identità diffusa" è un concetto fondamentale negli studi di Erik H. Erikson (1902-1994), psicologo tedesco emigrato in America negli anni Trenta del secolo scorso, che si è occupato a lungo dei processi dello sviluppo individuale. Fra i suoi libri più importanti, consiglio *I cicli della vita. Continuità e mutamenti* e *Gioventù e crisi d'identità*, entrambi pubblicati da Armando Editore. Per Erikson la diffusione dell'identità è una fase dell'adolescenza, che si può riassumere in questo concetto: «Non sono quello che dovevo essere, non sono quello che sto per essere, ma non sono neppure quello che ero». Personalmente credo invece che questa diffusione (o liquidità, per dirla alla Zygmunt Bauman) non sia – o forse non sia più - strettamente legata a un'età definita, ma continui a verificarsi per tutto il corso della nostra vita.

lato, perché un insieme di linee e definizioni non può spiegare l'individualità di nessuno di noi. Può però permetterci di descrivere la realtà in maniera semplice e funzionale al nostro percorso, per capire dove intervenire in maniera strategica.

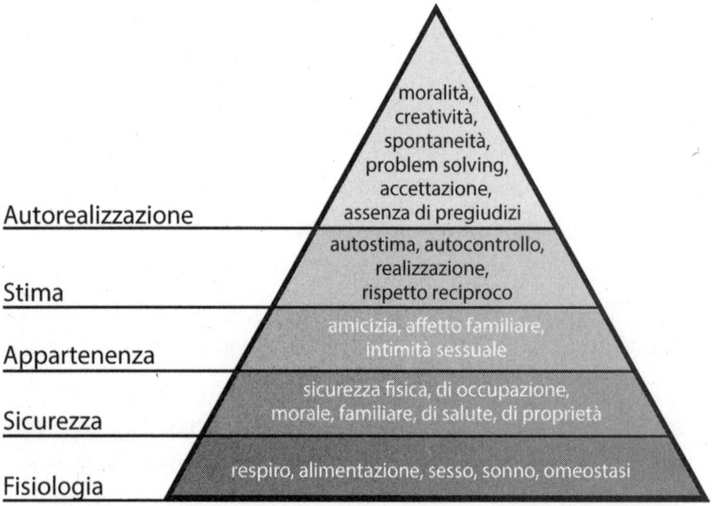

La piramide dei bisogni di Maslow (1954)

Vi faccio un primo esempio molto semplice, preso a prestito dallo psicologo Abraham Maslow[4]. Nella sua nota piramide, che vi propongo qui sopra, lo studioso cerca di mettere in fila i bisogni dell'uomo, da quelli più basilari a quelli per così dire più elevati. Maslow ritiene che, per quanto ogni individuo sia unico e diverso da

[4] Il libro di riferimento, per chi volesse saperne di più, si intitola *Motivazione e personalità* (Armando Editore, 2010).

tutti gli altri, in ogni persona si presentino le stesse necessità, che devono essere soddisfatte per raggiungere la felicità. Prima di tutto ci sono i bisogni fisiologici, imprescindibili per l'autoconservazione; poi la sicurezza e la protezione; l'amore e l'appartenenza a un gruppo (sociale, familiare, di amici e così via); la stima e il successo, o meglio il riconoscimento e l'approvazione da parte del proprio ambito affettivo e lavorativo; infine la realizzazione completa della propria identità.

Secondo questo schema, la soddisfazione dei bisogni fondamentali è necessaria e propedeutica a quella dei gradini superiori. Banalmente, se qualcuno è in condizione di non mangiare e dormire, difficilmente potrà pensare ad affermarsi sul lavoro o ad avere una relazione meravigliosa: prima dovrà risolvere le questioni che hanno a che vedere con la sua sopravvivenza e solo dopo potrà dedicarsi ad altro. Chi invece riesce a rispondere ai propri desideri primari, e in maniera duratura, troverà nuovi bisogni da soddisfare: non sempre e non necessariamente in quest'ordine, ma comunque nella parte alta del disegno.

Guardate la piramide di Maslow con attenzione e cercate di capire quali sono i bisogni che avete soddisfatto e quali invece quelli che vi premono maggiormente. Vi siete lasciati alle spalle qualcosa di irrisolto nel vostro percorso verso l'alto? Siete sicuri che, per arrivare a raggiungere ciò che davvero vi interessa, non sia necessario fare un passo indietro e colmare qualche tassello rimasto vuoto? Oppure avete le idee chiare e sapete con certezza quello che state cercando e perché?

Attenzione: le mie non sono domande retoriche e non ci sono risposte migliori delle altre. L'unica cosa che mi preme è risvegliare la vostra consapevolezza, di modo che, attraverso queste suggestioni, possiate puntare con più decisione verso le mete che per voi sono più importanti (*vedi Workbook, p. 243*).

Ragione e sentimento

Quando qualcuno viene a trovarmi in studio, perché pensa di poter avere bisogno di me, cerco di capire qualcosa di più della sua situazione ponendolo di fronte a una serie di dicotomie, ossia di coppie di elementi opposti fra loro, e valutando da quale dei due poli sia più attratto. Come abbiamo visto, le distinzioni troppo nette come bianco/nero o vero/falso lasciano il tempo che trovano, ma al tempo stesso possono essere dei piccoli appigli. Vedere verso quale estremità il paziente tende, anche in maniera non marcata e pur con tutte le sfumature del caso, è già una piccola indicazione per capire come agire. Immaginate di essere in alto mare, in piena notte, senza nulla o nessuno che vi aiuti a capire in quale punto del globo vi trovate. Come potreste in queste condizioni trovare la strada giusta per raggiungere la vostra meta? Ogni navigante ha bisogno di punti di riferimento attorno a sé per non perdersi… e cercarli è proprio quello che faremo ora.

La prima suddivisione che si può tentare di operare è quella che vede opposte da una parte la logica e la razionalità, dall'altra le emozioni[5]. A me sembra che spesso si faccia una gran confusione fra questi due mondi, che in realtà sono piuttosto separati fra loro, o meglio: usano due linguaggi diversi che funzionano in un modo diverso. È come se un turista giapponese venisse da voi a chiedervi qualcosa nella sua lingua e voi, senza aver capito una singola parola, tentaste di rispondergli in italiano: è facile immaginare che la vostra comunicazione, con queste premesse, non potrebbe mai andare a buon fine.

Spiegare razionalmente qualcosa che impatta su di voi dal punto di vista emotivo, e provare a cercare in questa chiave una soluzione, è un meccanismo destinato al fallimento. Volete un esempio? Immaginate di avere una paura folle dei ragni. Se io vi spiego che è un timore insensato, perché i ragni non attaccano gli umani e comunque voi siete molto più grandi di loro e, in caso di bisogno, potreste facilmente schiacciarli, riesco a far passare la vostra paura? No, perché vi sto offrendo una soluzione razionale per un problema che invece rientra nella sfera emotiva. Se soffrite perché siete innamorati di una persona che magari è già sposata e non ha alcuna intenzione di rompere la sua relazione, è sufficiente a far passare il vostro dolore e spegnere le vostre speranze il fatto che qualcuno vi

[5] A questo proposito, consiglio sempre un libro molto interessante: è l'*Atlante delle emozioni umane* di Tiffany Watt Smith (Utet, 2017), una lettura divertente e coinvolgente che permette di vedere più da vicino un'infinità di emozioni che tutti noi in alcuni momenti proviamo e che è bello poter conoscere e riconoscere.

faccia notare che è ragionevolmente improbabile che le cose vadano come volete voi? No, di nuovo.

«Il cuore ha le sue ragioni che la ragione non conosce» sosteneva il filosofo Blaise Pascal. E anche la ragione ha le sue ragioni che hanno ben poco a che vedere con gli affari di cuore. Aggiungo ancora: «Non è facile trattare i sentimenti in maniera scientifica», e forse vi stupirà sapere che a dirlo fu Sigmund Freud. Mescolare ragione ed emozioni difficilmente può portare a qualcosa di buono in un percorso di cambiamento: più spesso invece finisce per generare dei loop paradossali («lo amo ma non devo amarlo perché è sposato», «ho paura dei ragni ma non devo averla perché non mi fanno niente») in cui è facilissimo perdersi, peggiorando le cose.

La prima cosa che vi chiedo di fare, quindi, è tentare di definire se il blocco con cui siete alle prese sia di natura emotiva o razionale. Se non riuscite a capirlo da soli, trovate un piccolo aiuto nel *Workbook* (*vedi p. 244*).

Io e gli altri

Esistono diversi tipi di problemi che possono colpire una persona nel suo rapporto con se stessa ma, almeno secondo la mia casistica, la maggior parte dei blocchi insorge nel momento in cui ci si relaziona con gli altri, insomma con l'esterno[6]. D'altra parte è normale:

[6] A questo proposito vorrei segnalarvi un libro molto importante, intitolato *L'io e gli altri. Psicopatologia dei processi interattivi* (Bur, 2012), in

noi esseri umani siamo animali sociali e per stare bene abbiamo bisogno di essere circondati dai nostri simili. A casa abbiamo la famiglia, al lavoro i colleghi, la sera quando usciamo ci sono gli amici o il partner, e tutt'intorno sempre una marea di conoscenti o sconosciuti: al cinema, al supermercato, sui mezzi pubblici e ora, seppure in maniera virtuale, anche sui social. Mi sembra inevitabile che, in questa costante vicinanza con altri individui, possano insorgere non solo dei problemi di relazione, ma anche delle difficoltà di percezione che portano a certezze estreme e spesso fuorvianti. Ne ho raccolte di seguito alcune fra le tante che vedo e sento ogni giorno, nella speranza che possano aiutarci a individuare qualche altro punto fermo.

Primo tema: *chi ha ragione?* Estremizzando al massimo, potrei individuare due soggetti ben distinti. *L'asino dietro la lavagna* è quel tipo di persona strenuamente convinta che tutto ciò che dice e fa sia completamente sbagliato. «Non ho mai ragione» sostiene, e ci crede davvero. È convinto che le sue difficoltà nascano dalla sua totale inadeguatezza nei confronti del mondo; inoltre, sarebbe pronto a giurare che tutti quelli che incontra siano in qualche misura migliori di lui: nel lavoro, nello sport, nel vestire o nel parla-

cui l'autore, Ronald David Laing, analizza il ruolo che hanno le persone che ci stanno attorno nella definizione della nostra personalità. Laing sostiene che «gli altri possono o contribuire all'autorealizzazione del soggetto o, in maniera decisiva, al suo smarrimento». Credo che il suo punto di vista, suffragato da esperienze cliniche e dati raccolti in centri specialistici, meriti una certa attenzione.

re. Difficilmente riesce a impostare una relazione sana con le persone che lo circondano perché, sentendosi sempre in difetto, finisce per comportarsi come se lo fosse davvero, e quindi anche a esserlo.

All'estremo opposto c'è *il professorone*, colui che ha sempre la verità in tasca, come un novello grillo parlante del *Pinocchio* di Collodi. Il professorone sa tutto e non sbaglia mai, e quando si presta a elargire la sua onniscienza ai comuni mortali, rimane sempre profondamente deluso dalle loro reazioni, al punto da convincersi di essere troppo intelligente per perdere tempo con loro. La ragione, neanche a dirlo, è sempre dalla sua parte. Inutile tentare di spiegargli che persino i calcolatori più sofisticati possono avere un margine di errore, figurarsi le persone... Preferisce pensare di essere un genio incompreso (non per colpa sua ovviamente, ma di chi lo circonda) che ammettere di poter incorrere, come tutti, in qualche piccolo sbaglio.

Cambiamo tema ora, passiamo alla *responsabilità*. Chi è ad averla? Spesso mi capita di incontrare un tipo di personaggio che amo definire l'*agnello sacrificale* perché, a sentirlo parlare, sembra essere la vittima predestinata di un enorme e fantascientifico complotto planetario globale che comprende tutto e tutti: dal panettiere sotto casa alle previsioni del tempo, dai familiari all'industria delle automobili, dai colleghi ai calciatori di Serie A. Il mondo intero sembra avercela con lui e accanirsi in ogni modo sulla sua vita pur di farlo soffrire. L'agnello sacrificale naturalmente guarda al

I GRANDI ESPLORATORI

CARLO COLLODI

Pinocchio, il prototipo del bugiardo; il grillo parlante, il moralista noioso e saccente che ha sempre ragione; la fata turchina, magica e compassionevole; Lucignolo, lo sbandato per eccellenza... credo che uno dei migliori autori della nostra letteratura, soprattutto per la sua capacità di definire in maniera tanto precisa personaggi che tutti prima o poi incontriamo, sia Carlo Collodi (1826-1890). Nacque (con il cognome Lorenzini: Collodi era uno pseudonimo che scelse ispirandosi a un paese in provincia di Pistoia) in una famiglia molto modesta, al servizio dei marchesi Ginori, grazie ai quali poté studiare. Patriota, combatté volontario nella Prima guerra d'Indipendenza del 1848, poi iniziò la sua carriera di giornalista, lavorando soprattutto per testate umoristiche e pubblicazioni per l'infanzia. Il suo romanzo più famoso, *Storia di un burattino*, uscì a puntate nel 1881 e poi in volume nel 1883, con il titolo *Le avventure di Pinocchio*, e dopo anni non facili gli garantì un immenso successo... che ancora non accenna a diminuire.

passato con mille rimpianti per tutte le cose che avrebbe voluto fare ma non ha potuto, perché gliel'hanno impedito, e al futuro con un misto di pessimismo e fatalismo. "Chissà cosa ne sarà di me" pensa, ed è assolutamente convinto che il suo ruolo nella sua stessa vita sia del tutto passivo, come se non fosse altro che una zattera in balia del mare in tempesta.

Meno frequente, ma ugualmente interessante, è il suo esatto contrario, che chiameremo qui *l'eroe dei due mondi*. Questi ritiene che tutto ciò che gli capita dipenda da lui, nel bene e nel male. Se il suo treno è in ritardo, impreca contro di sé per non aver pensato prima che potesse succedere. Se la sua squadra vince il campionato, è convinto che in parte sia merito anche del calore con cui l'ha sostenuta. Se viene lasciato dalla fidanzata è perché non l'ha amata abbastanza; se vince un milione alla lotteria, è stato bravo a scegliere il biglietto giusto. L'eroe dei due mondi non concepisce l'esistenza del fato, delle coincidenze, degli imprevisti, ma neanche la volontà altrui. Sa con certezza di essere l'unico e il solo artefice del suo destino e ogni giorno parte a spada tratta verso il futuro che ha intenzione di costruirsi pian piano, senza interferenze dal mondo esterno.

Un'altra dicotomia, naturalmente, nasce sul tema del *tempo*. *L'uomo delle caverne* vive perennemente proiettato nel passato. È convinto che nel suo vissuto, non importa quanto lungo sia, ci siano già tutte le chiavi per decifrare il presente e il futuro. Se una volta è stato tradito da una ragazza con i capelli biondi, eviterà accuratamente tutte le bionde, certo che con loro finirebbe per subire la stessa sorte. Se a scuola era maltrattato da una maestra di nome Teresa, non darà mai più confidenza a una signora che abbia lo stesso nome. Non si può dire che l'uomo delle caverne non ami le sorprese; piuttosto non le considera tali, perché è certo di sapere già qualunque cosa gli possa succedere. Davanti a un evento nuovo, di qualsiasi natura, non farà altro che scandagliare il suo passato alla ricerca di un evento analogo (ed è talmente certo di trovarlo che senza dubbio lo troverà), per vedere confermata la sua certezza che tutto è già stato fatto e detto e che è il passato a guidare la vita.

L'esploratore spaziale, invece, punta tutto sul futuro. Compra oggetti completamente inutili, convinto che un giorno gli diverranno indispensabili; si tiene stretto persone che magari non gli vanno a genio, o che addirittura lo fanno soffrire, perché immagina che le cose più avanti potrebbero cambiare. Il suo passato è invisibile ai suoi occhi. Non gli importa quello che ha fatto finora, ma quello che farà. Completamente proiettato in avanti, ama progettare le sue attività non solo nei prossimi mesi, ma anche nei decenni a venire. A volte è così impegnato a pensare a cosa farà nel 2050 da non accorgersi di quello che sta facendo ora...

Va detto che queste categorie non sono mai rigide, e soprattutto possono mescolarsi fra loro dando vita a tanti nuovi personaggi. Nella tabella qui sotto ho provato a mettere in relazione il tema *temporale*, quindi passato e futuro, con il concetto della *ragione*. Se l'uomo delle caverne è convinto di essere sempre nel giusto, e quindi ha atteggiamenti da professorone, sarà come Puffo Quattrocchi, certo di sapere tutto prima degli altri; al contrario, se ha attitudini da asino dietro la lavagna, non potrà che pensare di essere uno sbagliatore seriale, certo di essersi rovinato la vita (o addirittura di aver compromesso le sorti del mondo...)

con i suoi errori. L'esploratore spaziale, con sguardo da professorone, si trasformerà in una novella *Cassandra*, che sa benissimo come andranno le cose ma non riesce a farsi ascoltare dagli altri; se invece cova in sé un asino dietro la lavagna avrà un atteggiamento rinunciatario, nella convinzione che i suoi pensieri e le sue azioni siano tutt'altro che significative.

TEMPORALITÀ

FOCUS RAGIONE

QUADRANTI DI FOCALIZZAZIONE	PASSATO (uomo delle caverne)	FUTURO (esploratore spaziale)
INTERNO (professorone)	**PUFFO QUATTROCCHI** "VE L'AVEVO DETTO"	**CASSANDRA** "SO GIÀ COME ANDRÀ A FINIRE"
ESTERNO (asino dietro la lavagna)	**LO SBAGLIATORE SERIALE** "HO ROVINATO TUTTO"	**IL RINUNCIATARIO** "PENSATECI VOI"

Un altro tentativo divertente potrebbe essere quello di far dialogare invece *tempo* e *responsabilità*. L'uomo delle caverne, se affine all'eroe dei due mondi, è autorecriminatorio e si colpevolizza per tutti gli errori che è certo di aver commesso; se invece è anche *agnello sacrificale* finirà per essere un *incattivito*, convinto che il mondo in cui ha sempre vissuto (e quindi anche quello in cui vivrà fino alla fine dei suoi giorni) faccia schifo, ovviamente per colpa degli altri. Se l'esploratore spaziale nei confronti della responsabilità è sulle stesse posizioni dell'eroe dei due mondi, sarà anche un visionario, pronto a caricarsi in spalla le sorti del pianeta perché è convinto di essere l'unico a poterlo fare; al contrario, se è più affine all'agnello sacrificale, si comporterà da fatalista e aspetterà che si compia il suo destino, qualunque esso sia.

TEMPORALITÀ

FOCUS RESPONSABILITÀ

QUADRANTI DI FOCALIZZAZIONE	PASSATO (uomo delle caverne)	FUTURO (esploratore spaziale)
INTERNO (eroe dei due mondi)	**AUTORECRIMINATORIO** "È TUTTA COLPA MIA"	**VISIONARIO** "TUTTO DIPENDERÀ DA ME"
ESTERNO (agnello sacrificale)	**INCATTIVITO** "IL MONDO FA SCHIFO"	**FATALISTA** "SPERIAMO BENE"

Potrei andare avanti in eterno a raccontarvi di questi e altri personaggi, che altro non sono che schematizzazioni esasperate di atteggiamenti che riscontro quotidianamente nelle persone con cui ho a che fare. Immagino anche che a tutti voi, leggendo quanto sopra, sia venuto da pensare: "Ehi, questo è proprio uguale a mio cugino!", oppure: "La mia collega! Eccola, è lei!". Il passo successivo che dovreste fare è quello di concentrarvi su voi stessi e cercare di individuare dove vi posizionate all'interno di queste dicotomie. Siete convinti di avere sempre ragione o di non averla mai? Vi lasciate pilotare dagli altri o siete convinti di poter tenere sotto controllo ogni aspetto della vostra vita? Vivete ancorati al passato o proiettati nel futuro?

Sarebbe fin troppo facile dire che l'equilibrio sta nel mezzo: non è questo il punto. Non siamo a scuola e nessuno vi darà dei voti se rispondete in un modo invece che in un altro. Non esistono soluzioni da sbirciare né frasi più giuste delle altre: ancora una volta, l'importante è guardarsi dentro e capire quali siano le vostre tendenze, in modo da considerare con più consapevolezza il vostro comportamento. Si tratta evidentemente di una schematizzazione ironica, ma a mio avviso rilevante per almeno due ragioni: da una parte, perché è importante non prendersi mai troppo sul serio ed essere pronti a giocare con le proprie convinzioni, che è il modo migliore per smantellarle e innescare un processo di cambiamento; e poi perché così facendo potete più facilmente inquadrarvi nel copione ridondante che meglio rispecchia voi e le vostre azioni (*vedi Workbook, p. 245*).

Prima la mente o prima il corpo?

Prima di proseguire devo fare una doverosa premessa: in presenza di un malessere fisico, io consiglio sempre di andare dal dottore. Che si tratti di un raffreddore, di un'emicrania o di qualunque altro disturbo, la cosa non cambia: se state male, andate dal medico di base a farvi visitare. Detto ciò, sono altresì convinto, perché lo vedo ogni giorno con i miei occhi, che alcuni problemi quotidiani come ansia o insoddisfazione possano procurare delle attivazioni fisiologiche fastidiose. A volte il mal di schiena può nascere da un periodo di stress intenso e prolungato (conoscete il detto «se hai male alla schiena è perché ti stai portando il mondo sulle spalle»? Credo che un pizzico di ragione ci sia in queste parole), il mal di testa da una situazione conflittuale e via dicendo. A questo proposito cito spesso il caso di un uomo che è venuto da me in studio perché aveva un problema a un braccio, che gli faceva male e continuava a bloccarsi. Durante le sedute, tramite l'ipnosi, è emerso che, se avesse potuto muoverlo liberamente, con lo stesso braccio avrebbe accoltellato suo fratello. È così assurdo credere che quel blocco non fosse semplicemente di natura fisica?

L'esempio che vi ho appena raccontato è un caso estremo, me ne rendo conto, ma serve a sottolineare il rapporto costante che intercorre fra il nostro corpo e la nostra mente, e che non può essere ignorato. La Psicosomatica, una branca della psicologia, indaga proprio questo territorio: partendo dal presupposto che alcune ricerche in ambito neurofisiologico dimostrerebbero l'attitudine degli stati emotivi a influenzare il corpo, inducendo delle risposte biochimiche, tenta di affrontare la realtà del malessere fisico attraverso il piano mentale. In questa direzione si è mosso Alexander Lowen (1910-

2008), psichiatra americano che, riprendendo gli studi del suo maestro Wilhelm Reich (1897-1957), a sua volta allievo di Freud, ha coniato il concetto di *Analisi bioenergetica*[7]. Si tratta di un approccio che integra nel percorso analitico corpo e mente, nella convinzione che ogni esperienza vissuta da una persona lasci le sue tracce non solo in testa, ma anche nel fisico. Seguendo questa teoria, imparare a muoverci correttamente può migliorare il nostro benessere psichico, così come non avere blocchi mentali ci aiuta a rimanere in salute.

«Qualunque problema presente nella personalità si manifesta sia nell'espressione corporea che nell'espressione psicologica» sostiene Lowen. Io credo che, prima di imbottirsi di medicine per guarire per esempio da un brutto mal di testa ricorrente, potrebbe essere utile indagare a fondo se questo malessere non sia legato ad altri blocchi, relativi alla sfera psicologica. (Ripeto: nel caso invece non lo fosse, ben vengano le prescrizioni mediche, ci mancherebbe altro!) Per questo, mi piace riflettere con i miei pazienti per capire cosa in loro si attivi prima davanti a un problema: la parte mentale o quella corporea? Ovvero: il blocco impatta sul pensiero o sulle sensazioni fisiche?

Naturalmente chiedo anche a voi di porvi la stessa domanda: quando soffrite di un qualche malessere, o sentite il bisogno di migliorare qualche aspetto della

[7] Trovo molto interessante a questo proposito il libro di Lowen, intitolato appunto *Bioenergetica* (Feltrinelli, 2017), in cui l'autore spiega l'approccio psicocorporeo che ha inventato e le sue potenzialità nel processo di crescita di ogni individuo.

vostra vita, è il vostro corpo o la vostra mente a segnalarvi che c'è qualcosa che non va? Anche in questo caso, potrete trovare qualche indicazione pratica nelle pagine del *Workbook* (*vedi p. 251*)

Forse alcuni di voi staranno pensando: "Cosa cambia saperlo? Se la mia ansia mi provoca una confusione tale da non poter più ragionare lucidamente, o se invece mi fa soffrire di emicrania, è la stessa cosa: sempre di ansia si tratta". Capisco l'obiezione, ma credo anche che la faccenda sia da affrontare da un punto di vista leggermente diverso: nella psicologia strategica si parte dall'evidenza (il lamento che sorge quando c'è qualcosa che non va, come scrivevo nell'Introduzione) e da lì si cerca di risolvere il problema, non il contrario. E nel prossimo paragrafo vi spiego perché.

Contenuti e processi

Mi sembra che ci sia una tendenza diffusa a mentalizzare e psicologizzare qualsiasi cosa capiti, ma questo non è detto che sia un bene. Spesso le persone, per via di un retaggio di tipo psicoanalitico, si concentrano sui contenuti, cercando di analizzarli e sviscerarli all'estremo, mentre io credo che sia da dare maggiore importanza ai processi. In ambito strategico si dice sempre che scoprire il perché una situazione sia bloccata non equivale a risolverla, anzi. Banalmente, usando un esempio già affrontato qualche pagina fa: non è detto che sapere perché avete paura dei ragni vi faccia passare l'aracnofobia. La conoscenza del contenuto e il processo di cambiamento sono due cose distinte e non possono essere mescolate.

Mi spiego meglio. Se state guidando e all'improvviso vi si ferma la macchina, non dovete necessariamente conoscere nel dettaglio ogni sua componente, ma solo sapere come farla ripartire (o, meglio ancora, avere il numero di telefono di un buon meccanico).

I pompieri, quando arrivano nel luogo in cui si è scatenato un incendio, non perdono tempo a cercare di capire da dove sia partito e perché: per prima cosa lo spengono e poi, eventualmente, indagano il resto. E questo è quello che tento di fare anche io: prima di tutto eliminare la sofferenza causata dal problema e quindi risolverlo, e solo più tardi saperne di più per aumentare la nostra conoscenza su quella classe di blocchi. Rimanendo nello stesso campo semantico, vorrei proporvi un altro spunto di riflessione. Come saprete, a volte i pompieri accendono altri fuochi tutt'intorno al rogo principale per fare terra bruciata ed evitare così che si espanda a dismisura. Bloccare il fuoco con il fuoco: strano, vero? Eppure funziona, ed è proprio su questo metodo paradossale e contraddittorio che si basa la psicologia strategica – perché segue la logica del processo, e non del contenuto.

Come vi comportate quando siete di fronte al blocco? Cercate di sviscerarne cause e origini o piuttosto provate a uscirne? E in quale direzione vanno le soluzioni che vi proponete?

Tutto può cambiare, o forse no

Un'altra premura che mi pongo quando affronto un nuovo caso è quella di far sì che la persona interessata abbia consapevolezza di quello che si può e non si può modificare, e come. Se il vostro obiettivo è quello di buttare giù una parete e tentate di farlo usando le mani, probabilmente non ci riuscirete. L'alternativa, per esempio, potrebbe essere girarci intorno invece di abbatterla, oppure cambiare campo semantico e, per esempio, andare in una ferramenta, comprare un martello pneumatico e riprovarci (ora con maggiori possibilità di successo...).

Quello che voglio dire è che non tutte le situazioni sono modificabili al 100%, e anche quando lo sono bisogna scegliere il metodo giusto per attivare il cambiamento. Per esempio, se soffrite per la perdita di una persona cara, sarei un ipocrita a promettervi di far passare completamente il vostro dolore: non è così, anzi forse una parte di quella sofferenza non vi lascerà mai. Ed è giusto esserne consapevoli fin dall'inizio.

Se siete in pena perché il vostro fidanzato è egoista e non si interessa a voi quanto vorreste, io posso cercare di agire sul vostro dolore e ridurlo il più possibile, ma non posso eliminarlo del tutto perché non è in mio potere cambiare radicalmente la natura del vostro partner. (Spoiler: non è neanche nel vostro potere. Se il suo atteggiamento vi fa stare davvero così male, e se nonostante ci abbiate provato in tutti i modi non cambia niente, lasciatelo: non c'è altra soluzione.)

So benissimo che, quando si è parte in causa, è molto difficile guardare obiettivamente la realtà. Difficile ma non impossibile, e per di più necessario. Davanti a un problema che vi fa soffrire, chiedetevi prima di tutto se la situazione può effettivamente cambiare, e se sì quanto e in quali aspetti. In base alla vostra risposta, possono aprirsi diversi scenari:

- *la situazione è immodificabile e resterà tale*. In questo caso, non ho che un consiglio da darvi: lasciatela perdere e andatevene. Non rischiate di rompervi le mani a furia di dare pugni a un muro che non sarà mai minimamente scalfito dai vostri colpi;
- *la situazione è immodificabile ma potrebbe diventare modificabile*. Cercate di capire come potrebbe avvenire questo cambiamento: con il passare del tempo? Mettendo in atto qualche accorgimento? L'evoluzione dipende da voi o no? Rispondete sinceramente e agite di conseguenza: fate quello che è necessario, ma senza accanirvi con azioni inutili o, peggio, dannose;
- *la situazione è modificabile*. Ottimo: ci sono le premesse per innescare un processo di cambiamento. Questo però non significa che il problema sia già superato, anzi. La prima cosa che dovreste fare, a questo punto, è chiedervi cosa effettivamente stiate facendo per cambiare la situazione, e se le vostre tentate soluzioni possano funzionare o meno.

Ci provo finché *non* ci riesco

A questo punto si apre un tema enorme e fondamentale nell'approccio di tipo strategico: quello delle cosiddette "tentate soluzioni disfunzionali"[8], un concetto rivoluzionario nell'ambito della psicologia che è nato in seno al Mental Research Institute di Palo Alto. Di che cosa si tratta esattamente? Sono tutte quelle strategie che mettiamo in atto convinti che possano portarci a superare brillantemente i nostri blocchi, mentre in realtà non è affatto così (*vedi Workbook, p. 252*).

Ognuno di noi affronta quotidianamente un'enormità di problemi, piccoli o grandi che siano. Nella maggior parte dei casi, siamo perfettamente in grado di cavarcela da soli: perché ce l'hanno insegnato, perché l'abbiamo imparato dalle nostre esperienze, perché semplicemente in quel particolare momento siamo fortunati e adottiamo una strategia fruttuosa.

A volte, invece, le cose vanno diversamente, e questo accade soprattutto quando tentiamo di agire razionalmente, in prima persona o per mano di quelli che ci sono vicini. Capita così che chi è ipocondriaco, sperando di tranquillizzarsi, passi le giornate a cercare su Internet i sintomi che crede di avere; oppure che la madre di una ragazza anoressica la sorvegli

[8] C'è un libro che è unanimemente considerato la Bibbia dell'argomento: *Change. Sulla soluzione e la formazione dei problemi*, di Paul Watzlawick, John H. Weakland e Richard Fisch (Astrolabio, 1974). Inutile dire che lo consiglio tantissimo a chiunque voglia saperne di più!

affinché questa mangi tutto quello che ha nel piatto e non rimetta subito dopo, quando invece l'esigenza della figlia potrebbe essere proprio quella di sfuggire al controllo serrato dei genitori. Chi non riesce a dire di no, spesso adotta come strategia quella di fare tutto e rispondere sempre di sì a ogni richiesta, sperando che i suoi interlocutori prima o poi si stanchino di chiedere e lo lascino in pace. Funzionano queste soluzioni? Nella maggior parte dei casi no, anzi: accrescono il problema. Eppure continuiamo a metterle in atto, accanendoci ciecamente su un meccanismo fallimentare.

Immaginate di essere al ristorante. Nel tavolo di fianco a voi si trova una piccola famiglia: madre e padre con un bambino. Questi, stanco di stare fermo, gioca a mettersi in piedi sulla sedia. La mamma lo riprende: «Stai seduto!». Il bambino forse la ascolta o forse no, fatto sta che dopo due minuti è di nuovo sulla sedia. «Basta! Vuoi stare seduto o no?!» ripete la madre. Ma, qualche attimo più tardi, il bambino si alza in piedi per l'ennesima volta. La situazione si ripete all'infinito, finché la madre disperata sbotta: «Ti ho detto mille volte di stare seduto!». «Allora gliel'hai detto 995 volte di troppo» esclamerei io a quel punto, se fossi al ristorante con voi. Se dirlo cinque volte non è servito, perché dovrebbe servire dirlo mille volte?

Il punto è che, se una cosa non funziona, non funzionerà. Insistere non è solo inutile, ma pericoloso: nella migliore delle ipotesi, si continua a tenere attivo il meccanismo che innesca il problema invece di spegnerlo; nella peggiore (ma più frequente), lo si rende ancora più dannoso, provocando una sofferenza ulteriore.

Davanti a un blocco che non si riesce a sciogliere, tendiamo spesso a mettere in atto due strategie. La prima è quella dell'evitamento, che consiste appunto nell'evitare di fare una cosa che ci fa soffrire. Per esempio, avete paura di andare al supermercato e ve la cavate non andandoci. La seconda è quella di chiedere aiuto o adottare delle piccole precauzioni. Quindi magari andate al supermercato, ma non da soli: vi fate accompagnare da un amico o da un familiare. In entrambi i casi, effettivamente, la paura non vi darà fastidio, perché o vi terrete lontani dalla realtà che vi fa soffrire o l'affronterete facendovi scudo di qualcun altro. Ma si può dire che così facendo abbiate risolto il vostro problema? Assolutamente no, anzi: l'avete ingigantito, dimostrando a voi stessi che non siete in grado di superarlo da soli. È come fuggire da un cane rabbioso tirandogli al contempo della carne: scappate, sì, ma in realtà state chiedendo alla vostra paura di inseguirvi e per di più la state nutrendo.

Attenzione: a volte, anzi spesso, anche non fare nulla equivale a mettere in atto una tentata soluzione disfunzionale. Se soffrite perché in ufficio il capo vi maltratta e, per tutta risposta, vi chiudete nel vostro silenzio senza reagire, non è detto che le cose migliorino, anzi: può benissimo darsi che il vostro superiore rincari la dose, convinto di aver trovato un *punching ball* ideale per sfogare le sue frustrazioni. Ricordatevi che non c'è aguzzino senza vittima: uscendo dal vostro ruolo, impedirete a lui di recitare il suo. Allo stesso modo, se state male perché vi sembra che il vostro partner non capisca dei concetti per voi evidenti, talmente evidenti che non fate nulla per spiegarglieli, è difficile che le cose cambino...

Una volta individuato il vostro problema e trovato i vostri punti di riferimento nella realtà, il passo successivo è proprio quello di capire se le strategie che state mettendo in atto per risolverlo sono utili o meno (*vedi Workbook, p. 253*). Se non lo sono, occorre agire velocemente per cambiare le cose, anche in maniera radicale. La base dell'approccio strategico è proprio sovvertire le tentate soluzioni e le logiche lineari innescando invece un meccanismo basato sul paradosso.

I primi passi verso il cambiamento

Nel momento in cui vi accorgete di avere un blocco che vi impedisce di essere pienamente soddisfatti della vostra vita, è come se vi trovaste davanti a un rubinetto che perde. A quel punto, potete fare tre cose: potete tentare di ripararlo da soli: magari siete particolarmente abili e ci riuscite al primo tentativo, ma potrebbe anche capitare che il vostro intervento non solo non risolva la situazione, ma finisca per peggiorarla – in questo caso specifico, per esempio, potreste accidentalmente rompere un tubo. Oppure potete semplicemente ignorare il gocciolio e fare finta di niente. Per un po' forse ci riuscirete, ma poi? E se l'attesa avesse complicato le cose? Magari, agendo subito, sarebbe stato sufficiente cambiare una guarnizione, mentre ora l'acqua fuoriuscita ha danneggiato il muro e c'è bisogno di un intervento più invasivo per risolvere il problema. L'altra alternativa, naturalmente, è quella di chiedere aiuto appena ci si rende conto del guasto, e a quel punto entro in gioco io (o i miei colleghi). Mettetela così: se vi provoca disagio il fatto che io sia uno psicologo, potete sempre considerarmi il vostro idraulico di fiducia!

C'è una cosa che dico sempre ai miei pazienti, la prima volta che vengono da me. A mio avviso, la persona che si trova per sua scelta seduta su una sedia, davanti a uno psicologo, deve sempre tenere in mente due pilastri:

1) «Se fate ciò che avete sempre fatto, otterrete ciò che avete sempre ottenuto.»[9] Il cambiamento può spaventare, ma è l'unica strada per uscire da una situazione di stallo che provoca dolore o insoddisfazione.

[9] Di certo vi è già capitato di sentire questa frase: è uno dei motti più famosi di Anthony Robbins, life coach americano e grande esperto di Programmazione Neuro Linguistica, altro mio campo di azione. La PNL, nata in California negli anni Settanta dai lavori di John Grinder e Richard Bandler e in parte ispirata all'ipnosi ericksoniana, è un approccio che si basa sulle presunte connessioni fra processi neurologici, comunicazione e mappe mentali, ed è usato soprattutto per accrescere l'autostima delle persone coinvolte e migliorare le loro prestazioni, per esempio in ambito lavorativo.

2) «Se sapeste già cosa fare, non sareste qui» – oppure, nel nostro caso, non avreste in mano questo libro.

Ci tengo molto a fare queste premesse perché, come ho già accennato più volte, l'approccio strategico è basato sul paradosso, per cui ci saranno sicuramente dei momenti in cui vi verrà istintivo chiedervi: "Ma perché dovrei fare queste cose improbabili che mi dice Gerry?!". La risposta a questa domanda, che a volte può anche essere legittima, me ne rendo conto, si trova appunto nei due pilastri stabiliti qui sopra.

Tanto è vero che, per non smentirmi, comincio subito con il darvi un primo suggerimento che può certo sembrarvi poco canonico. Avete capito qual è il vostro problema? Bene, smettete all'istante di parlarne. Gli amici o i partner che si offrono di starvi ad ascoltare («Dai parlane, così ti sfoghi...») agiscono con le migliori intenzioni, ma questo non significa che ciò che vi propongono sia il metodo migliore. Menzionare di continuo un proprio blocco equivale a dargli importanza, e quindi a farlo crescere e a renderlo stabile. Quello che vi chiedo di fare è l'esatto opposto, un silenzio stampa totale. Non potete impedirvi di pensare ai vostri problemi, ma di parlarne sì: e quindi fatelo.

La seconda cosa da fare è misurare concretamente il malessere che vi affligge. Quanto vi dà fastidio in una scala da 0 a 10? Date un'occhiata al *Workbook* (*vedi p. 253*) e rispondete con grande sincerità. Attenzione: non vi sto chiedendo quanto è grande il vostro problema: voglio sapere qual è il livello con cui impatta sulla vostra vita, impedendovi di viverla come vorreste. In base a questa linea di autovalutazione, si aprono due possibili scenari:

- se il malessere va da 0 a 3, può essere risolto con tecniche più semplici e *solution oriented*, cioè già mirate alla soluzione;
- se il malessere va da 4 a 10, allora è necessario l'impiego di strategie di *problem solving*, ossia incentrate sul problema e basate sulla saturazione paradossale.

In questo secondo caso, troverete molti strumenti di lavoro nel capitolo successivo, *S come STRATEGIE*; nel primo, dovrete arrivare al capitolo *R come RISOLUZIONI*, ma solo dopo aver lasciato trascorrere un po' di *T come TEMPO*... Se la cosa vi interessa, vi consiglio comunque di leggere tutto: anche dalle tecniche che non riguardano direttamente la vostra situazione c'è la possibilità di prendere qualche spunto che può sempre tornare utile – o magari anche solo incuriosirvi e farvi venire voglia di saperne di più!

Mappa del capitolo

- L'attenzione è il processo cognitivo che ci permette di selezionare alcuni stimoli provenienti dall'esterno, quelli che ci servono per realizzare un certo scopo, e ignorarne altri.
- Le autodescrizioni e le schematizzazioni sono limitanti, ma possono avere una funzione pragmatica in un percorso di consapevolezza.
- Ragione ed emozioni appartengono a due campi semantici diversi, quindi non è possibile spiegare o risolvere razionalmente un problema emotivo.
- Davanti a un blocco, la psicologia strategica si concentra sul processo e non sui contenuti.
- Non si può cambiare ciò che è immodificabile.
- Le tentate soluzioni disfunzionali sono i meccanismi logici che mettiamo in atto per risolvere i nostri problemi, e che però non funzionano (anzi, spesso peggiorano le cose).
- Se fate ciò che avete sempre fatto, otterrete ciò che avete sempre ottenuto; se sapeste già cosa fare, non avreste in mano questo libro.

"S" COME STRATEGIE

Io credo che la psicologia positiva, quella del «dai che ce la fai!» per intenderci, abbia dei limiti. Penso sì che possa funzionare, ma solo per un periodo limitato e solo se le condizioni di partenza lo consentono. Se una persona soffre di un malessere leggero, come una piccola insoddisfazione o un blocco poco rilevante in una qualche attività, allora possono essere efficaci, non lo discuto. Se invece il problema è più grande e invasivo, temo che possano sortire l'effetto contrario. Va tutto bene finché va bene, insomma: ma se invece va male, è meglio lasciar da parte per qualche momento i guru e provare ad affrontare la situazione di disagio con armi più potenti. Una canoa va benissimo se volete fare un giretto nel fiume, ma se pianificate una traversata dell'Atlantico forse è meglio affidarsi a un veliero con un equipaggio esperto, non credete?

In questo capitolo dunque troverete le **Strategie** orientate al problema. Alcune sono di mia "invenzione", altre sono derivative, ma tutte comunque tengono conto dell'approccio strategico nato in seno al MRI di Palo Alto. Il concetto alla base di queste tecniche è che le soluzioni con una logica lineare non funzionano perché insistono proprio sui meccanismi di una persona momentaneamente inceppati, e che quindi non possono evolversi. Bisogna cercare altre soluzioni che agiscano dove c'è maggior possibilità di movimento, ossia sul sintomo, che funziona come una leva per andare a produrre cambiamenti di ampia portata e soprattutto duraturi. Qui il paziente, coinvolto attivamente nel processo della sua guarigione e guidato dalle indicazioni dello psicologo, può, più o meno consapevolmente, innescare un cambiamento, all'inizio anche molto piccolo, che però fa scattare l'evoluzione. Come diceva Milton Erickson:[1] «È come far rotolare una piccola palla di neve lungo il fianco di una montagna. Comincia come una piccola palla di neve, ma via via che rotola giù, diventa sempre più grossa... fino a trasformarsi in una valanga grande come la montagna». «In coscienza, non so dire se la situazione sarà migliore quando cambierà; posso dire però che deve cambiare se si vuole che diventi migliore» sosteneva

[1] C'è un libro davvero straordinario, anche per non addetti ai lavori, che si intitola *La mia voce ti accompagnerà* (Astrolabio, 1983) e raccoglie molti casi clinici trattati da Milton Erickson secondo i principi dell'approccio strategico, quindi paradosso e metafore, oltre che con il suo caratteristico umorismo. Un'ottima lettura, ve la consiglio!

invece Georg Christoph Lichtenberg, un fisico tedesco del Settecento che non aveva nulla a che fare con la psicologia, ma la sua frase centra ugualmente il punto: non c'è miglioramento senza cambiamento.

Questo approccio, di tipo paradossale, è detto appunto prescrizione del sintomo perché si assegna alla persona il suo stesso male per curarla. Che siate tristi, insicuri, insoddisfatti o dubbiosi, io vi chiederò di fare il possibile per diventarlo ancora di più, finché in voi non si attiverà una naturale reazione che combatterà il sintomo e riuscirà a disinnescarlo. È un po' quello che succede quando ci si vaccina: all'interno del corpo viene immesso l'agente infettivo (trattato a dovere, ovviamente) di una certa patologia, di modo che il sistema immunitario lo riconosca e impari a combatterlo. Così, quando si presenterà la malattia vera e propria, gli anticorpi saranno perfettamente in grado di difendersi, evitando lo scatenarsi di un'infezione.

La metafora è particolarmente calzante anche per un altro motivo. Se vi è capitato di vaccinarvi contro qualche malattia, saprete che qualche giorno dopo l'iniezione è abbastanza comune stare male (sono gli effetti sul corpo della lotta che si svolge al suo interno fra virus e sistema immunitario), e che però, passata questa fase, si torna in piena salute. Con le tecniche che vi propongo potrebbe succedere qualcosa di simile: riusciranno a "immunizzarvi" ma, soprattutto all'inizio, non è escluso che possano accentuare la sofferenza. È come quando da piccoli ci si sbucciava un ginocchio giocando per strada e la mamma poi lo puliva con l'alcol: faceva un male tremendo, ma alla fine la pelle era disinfettata. Ogni processo di guarigione o di miglioramento può includere qualche evento che sembra andare in direzione contraria, ma non bisogna perdersi d'animo: è solo accettando queste controindicazioni che si può arrivare fino in fondo.

L'importanza dei neuroni specchio

Le tecniche che vi presenterò si basano sul meccanismo della ripetizione. Questo significa che vi chiederò di fare delle cose più e più volte, finché il processo mentale orientato al cambiamento non diventerà automatico e irreversibile, lanciando suggestioni positive e andando a diventare più fluido giorno dopo giorno. La prima volta che andate in palestra, l'istruttore vi farà sollevare un manubrio non troppo pesante, diciamo per esempio di cinque chili. Ma se voi ogni giorno ripetete gli esercizi che vi sono stati assegnati, magari dopo una settimana potrete già sollevarne dieci, e poi quindici e così via. La ripetizione genera apprendimento, e questo crea un automatismo positivo e funzionale alla crescita.

Perché succede tutto questo? Ci sono molte ipotesi al riguardo. Una di quelle che mi affascinano di più ha a che vedere con i neuroni specchio, ossia delle cellule cerebrali che si attivano sia quando la persona compie un determinato atto, sia quando lo vede fare da un altro individuo. La cosa curiosa è che fino a una trentina di anni fa non se ne conosceva l'esistenza: i neuroni specchio sono la straordinaria scoperta fatta da un team di ricercatori italiani, guidati da Giacomo Rizzolatti, fra gli anni Ottanta e Novanta del secolo scorso. In laboratorio, Rizzolatti e i suoi stavano studiando il funzionamento della corteccia premotoria di una scimmia, sorvegliata tramite degli elettrodi. In un momento di pausa, uno dei ricercatori ha preso una banana dal cesto di frutta preparato per gli esperimenti e l'ha mangiata: fra lo stupore dei presenti, i neuroni della scimmia si sono attivati come se a mangiare la banana fosse stata lei, e non l'uomo che aveva davanti.

Questa scoperta, avvenuta in modo del tutto casuale, ha portato a nuovi studi e ricerche più mirate, finché nel 1995 Rizzolatti[2] ha potuto confermare che esiste qualcosa di simile anche nell'uomo. In ambito scientifico e psicologico, il concetto dei neuroni specchio ha provocato una vera e propria rivoluzione delle conoscenze acquisite sul cervello fino a quel punto. Vilayanur Ramachandran, direttore del Centre for Brain and Cognition dell'Università di San Diego, California, ha addirittura commentato: «I neuroni specchio saranno per la psicologia quello che il DNA è stato per la biologia».

La teoria, essendo molto recente, è ancora fonte di dibattiti, ma ha comunque dato delle basi interessanti per tentare di ipotizzare delle spiegazioni dal punto

[2] Il testo cardine dell'argomento è *So quello che fai. Il cervello che agisce e i neuroni specchio*, di Giacomo Rizzolatti e Corrado Sinigaglia (Raffaello Cortina, 2006). Più divulgativo, ma non meno interessante, è *In te mi specchio. Per una scienza dell'empatia* di Rizzolatti con Antonio Gnoli (Rizzoli, 2016).

di vista scientifico, oltre che su quello empirico, su come possano funzionare le tecniche della psicologia strategica. I neuroni specchio in pratica sarebbero le cellule che ci permettono di imparare per imitazione. Ripetendo una serie di azioni si arriva a conoscere dei meccanismi che poi si attivano in autonomia, senza più bisogno di sforzarsi – e quindi, dopo un certo numero di sedute ed esercizi, anche senza più bisogno della guida di uno psicologo. È un po' come imparare a suonare la chitarra: all'inizio c'è bisogno di un maestro che spieghi cosa fare e come farlo, ma dopo un po' i movimenti delle mani diventano automatici e si può suonare benissimo anche da soli.

Mettersi in gioco, ma farlo sul serio

Prima di lasciarvi alla vostra sessione di quello che mi piace definire "fitness psicologico", devo darvi due piccole avvertenze. Primo: vi chiederò di fare delle cose che vi sembreranno assurde, ma voi non pensateci e fatele lo stesso[3]. A volte, il modo migliore per capire una cosa è non sforzarsi di capirla.

[3] Nel mondo del tatuaggio tradizionale c'è una tradizione che io trovo molto affascinante. Dopo un certo numero di tatuaggi, potete andare dal tatuatore e chiedergli un tatuaggio a sua scelta, pagandolo solo con le monete che avete in tasca. Non potete scegliere che disegno lascerà sulla vostra pelle: dovete fidarvi e basta. Mi sembra che in quest'ottica ci siano molte analogie con il nostro percorso: anche se non capite o non condividete i compiti che vi darò, vi dovete affidare.

Avete presente la famosa scena del film *Karate Kid*, quella di «dai la cera, togli la cera»? Daniel, il protagonista, vorrebbe imparare il karate; il maestro Miyagi lo manda a lucidare le macchine. Solo dopo il ragazzo capirà che quei movimenti apparentemente inutili che ha ripetuto per ore gli sarebbero serviti anche per combattere, perché l'apprendimento strutturato scatta in automatico, senza che l'allievo se ne renda conto. Ed è proprio quello che faremo anche noi. Io vi darò dei compiti indiretti e metaforici, chiedendovi di svolgere delle azioni che apparentemente non c'entrano nulla con il vostro problema. Ma se voi li eseguirete, vi scoprirete capaci di poter fare cose che non avreste neanche immaginato. E questo non accade perché io abbia chissà quali poteri, ma perché queste competenze sono già dentro di voi: vanno solo risvegliate. Vi ho convinto? Se così non fosse, quando seguite le strategie tenete sempre a mente la frase di Steve Jobs: «Siate affamati. Siate folli». A me potete anche non credere, ma a lui dovrete dar ragione per forza!

Seconda raccomandazione: non basta fare gli esercizi come a scuola, ovvero svogliatamente e tanto per farli (be', non so voi, ma per me a volte era così!). Come vi dicevo, qui nessuno vi darà un voto per quello che fate né vi sgriderà per quello che non fate: il risultato finale dipende tutto dall'impegno che ci vorrete mettere, dalla voglia che avrete di esplorare e di autosabotarvi per uscire dai blocchi che vi fanno soffrire. E questo, a sua volta, deriva dal vostro approccio mentale.

I GRANDI ESPLORATORI

STEVE JOBS

Di Steve Jobs (1955-2011) ho sempre adorato molte cose: l'intelligenza, le capacità in ambito tecnologico, la creatività, il richiamo alla follia come capacità di vedere e quindi anche inventare cose che ancora non esistono, lo stile informale (jeans, maglia nera a collo alto, scarpe da ginnastica...) anche nelle occasioni più prestigiose... e poi la sua storia, breve purtroppo, ma piena di eventi e colpi di genio. Nacque dalla relazione di un ragazzo siriano, futuro professore, con una studentessa che, non potendo allevarlo dignitosamente, lo diede in adozione, a patto che la nuova famiglia promettesse di mandarlo all'università. Così fu, ma Jobs decise di lasciare il college dopo pochi mesi, scarsamente attratto dall'istruzione ufficiale e molto curioso di scoprire come avrebbe potuto cavarsela da solo. Nel 1974 iniziò a lavorare all'Atari ma si licenziò due anni dopo per mettersi in proprio: fondò la Apple insieme all'amico Steve Wozniak, e la sede della nuova società era nel garage di casa Jobs. I primi computer prodotti dai due ebbero ottimi riscontri, ma l'apoteosi arrivò nel 1984, con il lancio del primo Macintosh (e del primo mouse!). Da lì in poi, la storia di Steve Jobs è costellata di successi, anche se non mancarono gli alti e bassi: nel 1985 fu licenziato dalla Apple, a cui tornò, a testa alta e come amministratore delegato, nel 1996.

Nel frattempo aveva anche comprato una casa di produzione, piccolissima a quei tempi, che pochi anni dopo era letteralmente esplosa nella cinematografia mondiale grazie a *Toy Story*, il primo film interamente realizzato con sistemi di animazione digitale: era la Pixar, oggi famosissima. Il resto è noto: l'iPhone, l'iPad e molti altri prodotti a marchio Apple forse non avrebbero mai visto la luce, se non fosse stato per il suo genio. E chissà quante altre cose avrebbe potuto inventare, se un carcinoma non se lo fosse portato via ad appena cinquantasei anni...

In inglese si chiama *mindset* ed è un concetto molto importante, soprattutto negli ultimi tempi. La psicologia strategica dà grandissima importanza al paziente, in quanto individuo unico e irripetibile oltre che pieno di risorse, comprese quelle che possono farlo stare meglio. Una conseguenza piuttosto recente di questa attitudine, portata in Italia da poco dal mio amico e collega Flavio Cannistrà[4] con Federico Piccirilli, è la terapia a seduta singola, già molto diffusa in America e in Australia. Come dice il nome, si tratta di un unico incontro fra paziente e psicologo in cui si concentra tutto e si risolve ogni cosa. Funziona? Sì, se lo psicologo e la persona che ha di fronte hanno lo stesso

[4] Nel 2018 è uscito un libro su questo tema, scritto appunto da Cannistrà e Piccirilli: si intitola *Terapia a seduta singola. Principi e pratiche* (Giunti, 2018) e secondo me merita pienamente l'attenzione che sta ricevendo.

mindset: in questo caso, una mentalità orientata alla soluzione immediata di un problema.

L'approccio mentale è importantissimo nel nostro campo. Se partite dicendo: «Vorrei diventare una persona più decisa, ma non ce la farò mai», allora posso già garantirvi che il vostro lavoro non servirà a nulla. Per arrivare a un cambiamento non basta provarci senza troppa convinzione, bisogna anche crederci fino in fondo. A meno che, ovviamente, il vostro scopo non sia quello di stare male per sempre e andare dallo psicologo a vita: in quel caso vi posso garantire che non fare gli esercizi che nelle prossime pagine vi propongo, o farli male e senza impegno, è il modo migliore per raggiungere l'obiettivo che vi siete preposti![5]

Il *Giornale nautico*

Ideale per chiunque stia attraversando un periodo di malessere, anche lieve, o sia alle prese con una situazione/relazione insoddisfacente, o sia alla ricerca di un miglioramento in qualunque campo.

[5] C'è un libro molto ironico a questo proposito: si intitola *Strateghi del potere. Gesù Cristo, lo psicoanalista, lo schizofrenico e altri ancora* (Raffaello Cortina Editore, 2009). L'autore è Jay Haley, uno dei fondatori della terapia familiare e della Scuola di Palo Alto, collaboratore fra gli altri di Bateson e Milton Erickson. In questo volumetto tratta, in chiave ironica, di situazioni paradossali nei campi del potere e della terapia. C'è anche un passaggio intitolato *L'arte di fallire come terapeuta*, che consiglio sempre a me e ai miei colleghi, e un capitolo divertentissimo su *Come avere un pessimo matrimonio*, che invece consiglio a tutti.

Il giornale nautico è un documento che il comandante di una nave ha il compito di redigere quotidianamente, annotando tutti gli eventi inerenti alla navigazione: la rotta, le condizioni meteorologiche, eventuali imprevisti, ma anche l'inventario di bordo, il bilancio delle spese e delle entrate, le operazioni di carico e scarico e così via.

A voi chiedo di fare qualcosa di simile (*vedi Workbook, p. 254*), senza bisogno di elencare tutto ciò che vi capita ogni giorno, ma solo quando trovate qualcosa che impatta negativamente su di voi: un evento che vi fa piangere o arrabbiare, la frase detta da qualcuno che vi provoca sconforto o frustrazione, un incidente di percorso che vi fa soffrire o mina la vostra motivazione.

L'importante è scrivere quello che accade, in un taccuino o dove preferite, con grande attenzione ai dettagli: quando e dove si verifica l'evento negativo, cosa succede esattamente, quali sono le altre persone coinvolte, quali sono le emozioni che il fatto vi suscita, e in che modo reagite. Per esempio: «Oggi alle 9.30 in ufficio il capo mi ha deriso davanti ai colleghi perché, per l'ennesimo giorno di fila, sono arrivato in ritardo. Ho provato una gran rabbia, ma non ho detto nulla e ho finto che non mi importasse».

Il giornale nautico dovrebbe essere come un album di polaroid dei momenti di difficoltà, di cui tenere nota giorno per giorno. Questo serve ad aumentare la vostra consapevolezza sugli eventi che vi infastidiscono, un lavoro importante in sé ma anche propedeutico alle tecniche successive.

Lista degli impatti o "Povero me"

Ideale per chiunque viva un momento di tristezza, pessimismo, negatività, abbandono (magari dopo aver attraversato un grande dolore dovuto per esempio a un lutto o alla fine di una relazione); per chi non è riuscito a portare a termine qualcosa in ambito lavorativo, affettivo o familiare e ora si sente schiacciato dal fallimento; per chi ha forti problemi di autostima e senso di impotenza; per chi non si sente in grado di vivere come vorrebbe per cui adotta comportamenti passivo-rinunciatari.

Questa è una delle tecniche che ho ideato e sperimentato insieme a Fabio Leonardi[6], un tempo mio tutor durante il tirocinio in ospedale, oggi amico e collega. Con Fabio ho anche fondato il TIB (Terapie Innovative Brevi), un centro di ricerca in cui lui era ed è ancora direttore scientifico. In origine io ero il direttore clinico, ma poi purtroppo, per l'insorgere di nuovi impegni lavorativi, ho dovuto abbandonare il progetto perché non avrei potuto dedicarmici come invece sarebbe stato giusto fare.

In estrema sintesi la strategia della *Lista degli impatti* (*vedi Workbook, p. 254*) consiste nel chiedervi di fare un elenco di tutto ciò che impatta negativamente su di voi. Ogni emozione negativa (rabbia, paura, sfiducia...)

[6] Di Fabio vi consiglio sicuramente *La psicoterapia fra mito e realtà* (Armando Editore, 2018) e *Il grande paradosso della salute* (Felici, 2015), due libri molto interessanti con un sacco di spunti su cui riflettere.

è ammessa. La definizione "*Povero me*" scatta quando la persona coinvolta è particolarmente autocommiserativa: in questo modo si sfrutta ulteriormente il compianto già presente per tentare di disinnescare il meccanismo che provoca dolore. Ci sono tre regole da seguire durante la compilazione:

1) La lista è aggiornabile in ogni momento e potenzialmente infinita, quindi non esistono limiti. Anzi: meglio una riga in più che una in meno.
2) Non esistono sciocchezze o inezie: tutto ciò che impatta è importante e va segnato, anche se si tratta di eventi microscopici (ad esempio «il barista è stato sgarbato quando mi ha fatto il caffè stamattina»: se la cosa vi ha dato fastidio, va aggiunta). In questa fase del lavoro, è importante rastrellare il malessere con una rete a maglia fittissima, in modo da non farsi scappare nulla, gli eventi più eclatanti ma anche quelli apparentemente più irrilevanti.
3) La ridondanza è un valore aggiunto. Se ci sono cose simili, va benissimo: è un indizio in più per capire meglio quanto certi aspetti siano gravosi per voi. Il nostro elenco non funziona come una lista della spesa, dove se avete già scritto di dover comprare il latte una volta non lo aggiungerete di nuovo. Qui le ripetizioni sono preziose.

Una variante a questa stesura, che ho iniziato a praticare da poco e che però mi sembra stia dando degli ottimi risultati, è quella di chiedere ai pazienti tre diverse liste:

una per il passato («Povero me che i miei genitori mi trattavano male, povero me che i compagni di classe mi prendevano in giro, povero me che da piccolo non ho mai potuto avere la bicicletta che desideravo tanto...»), una per il presente («Povero me che non riesco a trovare una fidanzata, povero me che faccio un lavoro che detesto, povero me che sono costretto ad andare dallo psicologo che mi fa scrivere queste liste assurde...») e una per il futuro («Povero me che non potrò mai comprare la casa dei miei sogni, povero me che non imparerò mai a dire di no, povero me che mi farò sempre mettere i piedi in testa da tutti...»). Credo che questa suddivisione aiuti molto sia a distribuire gli impatti nella linea del tempo, sia a dare un certo ordine alle emozioni: il dolore di solito è riferito soprattutto al passato, la rabbia al presente, la paura al futuro. Così facendo, potete imparare a identificare meglio le vostre emozioni, e come abbiamo già visto questa consapevolezza è fondamentale.

Una volta fatta la lista (o, meglio, le tre liste), vi chiedo di prendervi dieci minuti ogni giorno per mettervi davanti allo specchio e leggere quello che avete scritto, cercando di guardarvi negli occhi. Meglio ancora, potreste proprio provare a recitare le voci dell'elenco, attribuendo a ognuna la sua emozione: se una cosa vi fa arrabbiare, esprimetela con rabbia; se un evento vi fa urlare, leggetelo urlando; se un impatto vi fa uscire le lacrime, piangete. Potete tranquillamente calcare la mano sull'espressione dei sentimenti che gli impatti vi suscitano, facendo uno sforzo attoriale che comprende voce, mimica, gestualità, espressioni facciali. Se anche vi sentite a disagio, andate avanti fino alla fine senza interruzioni: tanto siete a casa da soli davanti allo specchio, non c'è nessuno che possa giudicarvi o prendervi in giro per questo.

Il secondo step è quello di aggiornare la lista giorno dopo giorno, aggiungendo nuovi eventuali impatti oppure togliendo quelli che, recitati, non vi fanno più soffrire. Questo è un passaggio molto importante, perché cancellare anche solo una o due voci dall'elenco significa comunque ottenere un piccolo miglioramento rispetto alla situazione di partenza.

C'è poi un terzo e ultimo passo, da mettere in atto solo quando il "*Povero me*" inizia a dare i primi frutti. A questo punto vi chiedo di continuare a rileggere la lista davanti allo specchio, sempre per dieci minuti ogni giorno, ma sforzandovi di sorridere, ovvero alzando meccanicamente gli angoli della bocca. Non importa se pensate che la vostra situazione sia ancora grave, o se vi sembra che non ci sia proprio niente da ridere: fatelo e basta.

Come funziona?

Normalmente, quando una persona sta male, cerca di combattere il dolore ponendosi dei paletti, per esempio: «Sto soffrendo perché il mio fidanzato mi ha lasciato ma invece dovrei esserne felice, quindi adesso mi impegno per non stare più male». Questa, come abbiamo già visto, è una soluzione di tipo logico e razionale, che però spesso genera dei loop dai quali è molto difficile uscire: «Non dovrei soffrire, però soffro, e questo mi fa stare ancora peggio». Il lavoro che io vi chiedo di fare è l'opposto: non dovete tentare di non soffrire; dovete soffrire il più possibile e usare il vostro dolore nella stesura e nella recitazione della *Lista degli impatti*.

Di solito i primi giorni sono i più difficili, ma poi si innesca un meccanismo paradossale di saturazione che va a incidere sul dolore facendogli pian piano perdere la sua potenza. Probabilmente in alcuni momenti, sbraitando contro lo specchio con il vostro elenco in mano, vi sentirete ridicoli... e questo è un bene, perché è il primo passo per prendere le distanze dai problemi che vi assillano. Convogliare in un unico punto (la lista) le cose che vi fanno stare male, ed esasperarle quotidianamente con la recitazione, vi porterà pian piano a farle estinguere.

La seconda fase, ovvero il depennare gli impatti che non vi toccano più, è altrettanto importante per la vostra motivazione (il *mindset* di cui si parlava prima). Voi stessi avete inserito inizialmente alcuni eventi sulla lista; e siete voi ora a toglierli, dopo averli sconfitti contando solo sulle vostre forze. Magari i primi impatti a sparire saranno quelli più piccoli e per gli altri ci vorrà più tempo: va bene, è normale che sia così. Però cercate di concentrarvi sul miglioramento che siete riusciti a creare, e che quindi potrà verificarsi nuovamente, invece che sul dolore che ancora provate.

Il terzo passaggio, recitare la lista degli impatti sorridendo, va messo in atto soltanto dopo lo sblocco del problema e serve a consolidare il processo di cambiamento già attivato dall'esercizio. Questo è in grado di funzionare per due ragioni: primo, perché ridere di qualcosa equivale a limitare il suo potere; secondo, perché le espressioni facciali e le emozioni che le suscitano sono così strettamente collegate che non solo le seconde influenzano le prime, ma anche viceversa. Quindi sforzarsi di sorridere, seppur meccanicamente, potrebbe indurre in noi un po' di quell'allegria che sentiamo nel momento in cui il sorriso ci nasce invece in maniera del tutto spontanea.

Il "*Povero me*" è una delle tecniche che uso maggiormente, già in prima seduta. Spesso permette di fare grandi passi avanti nel processo di cambiamento, ed è propedeutico alla strategia successiva, la "tremenda" *Stanza 101.*

La *Stanza 101*

Ideale per chi si sente angosciato da paure di ogni genere, sensazioni spiacevoli, immagini spaventose e indesiderate, ossessioni, pensieri invadenti.

Nel libro *1984* di George Orwell, la *Stanza 101* è una particolare sala di tortura nella quale chiunque si trova di fronte alle sue peggiori paure. Per esempio, se una persona è terrorizzata dai topi (come Winston, il protagonista del romanzo), all'interno di quella camera sarà circondata da ratti che finiranno per divorarla; se ha paura del fuoco, sarà in mezzo a un incendio senza alcuna via di scampo.

In questo caso, quello che vi chiedo (*vedi Work-*

book, p. 255) è di prendervi venti minuti ogni giorno e di chiudervi in una stanza: l'ideale sarebbe farlo in camera da letto, comodamente sdraiati, senza cellulari né computer né TV né altri mezzi di comunicazione. Mettetevi stesi, puntate una sveglia per venti minuti dopo e chiudete gli occhi, quindi date libero sfogo alle vostre paure peggiori. Pensate con intensità a tutto ciò che vi terrorizza, rievocate i vostri ricordi peggiori, immaginate scenari catastrofici nel futuro, rivivete tutto ciò che nel presente vi provoca disagio. Insistete in ogni modo sul vostro malessere per farlo crescere il più possibile, proprio come se steste pigiando sull'acceleratore della macchina per vedere a che velocità può arrivare. Questo per tutta la durata dell'esercizio, senza interruzioni: per nessuna ragione potete alzarvi dal letto o abbandonare la stanza prima che suoni la sveglia. Anche se non riusciste a fare quello che vi ho chiesto, non importa: rimanete lì e sforzatevi al massimo di portarlo a termine. L'importante è tentare di amplificare le vostre paure e il vostro disagio fino al livello massimo. Poi, trascorso il tempo indicato, alzatevi e continuate a fare le vostre cose come prima.

In realtà l'esercizio deve diventare una sorta di prassi quotidiana in base alla quale ogni vostra giornata viene divisa in due segmenti: uno da ventitré ore e quaranta minuti, nel quale raccogliete tutto il materiale che vi serve per spaventarvi; e uno di venti minuti in cui lo tirate fuori alla massima potenza, con il preciso obiettivo di restarne travolti.

A questo punto, dopo qualche giorno nella *Stanza 101*, possono aprirsi tre diversi scenari:

1) Non riuscite a stare male durante l'esercizio e state meglio anche fuori.
2) State male per i venti minuti dell'esercizio, ma nel quotidiano iniziate a stare meglio.
3) Non riuscite a stare male durante l'esercizio e continuate a soffrire per il resto della giornata, anche se in misura lievemente minore.

La prima opzione, ovviamente, è la migliore. Spesso, dopo aver assegnato questo compito ai miei pazienti, mi capita di vederli tornare la settimana successiva, disperati per non essere riusciti a fare quello che ho chiesto loro. «Sa dottore, io c'ho provato ma non sono riuscito a stare male, anzi a un certo punto mi sono perfino addormentato...» E a me a quel punto viene da sorridere perché, inconsapevolmente, hanno centrato il bersaglio. Cercando di stare male, hanno ottenuto esattamente l'effetto contrario: il paradosso è scattato, il meccanismo di cambiamento è stato innescato. I passi indietro sono possibili, ma il percorso è partito nel migliore dei modi: si può quindi procedere con tecniche di consolidamento o altre strategie positive per rendere duraturi i progressi fatti.

Anche il secondo caso è molto positivo, ma probabilmente richiede ancora un po' di tempo. Se vi trovate in questa categoria, non preoccupatevi e ripetete quotidianamente la strategia con costanza. Guardate il lato positivo: prima la sofferenza era attiva ventiquattr'ore su ventiquattro, ora è circostanziata all'interno dei venti minuti. Ci sono ottime possibilità che, continuando a esercitarvi, possiate raggiungere presto lo sblocco del vostro problema.

Il terzo scenario è l'unico in cui potrei dire che probabilmente non state facendo l'esercizio nel modo corretto. Credo che, quando si verifica qualcosa di simile, l'errore non sia nei venti minuti di pratica, ma nel resto della giornata: forse non avete raccolto con la dovuta attenzione tutto ciò che vi può fare soffrire e quindi all'esterno restano ancora delle mine vaganti che possono esplodere in ogni momento. Cercatele meglio e portatele con voi nella *Stanza 101*, per farle brillare nel momento scelto da voi e non da loro.

Resta il fatto che un libro non può in alcun caso sostituire un vero percorso psicoterapico, per cui se il malessere persiste o addirittura aumenta, è essenziale consultare un professionista e non tentare semplicemente di cavarsela da soli (ricordate la metafora del rubinetto che perde?).

Come funziona?

Questa strategia, che io chiamo *Stanza 101* ma che in realtà ha mille altri nomi e declinazioni, perché grazie alla sua efficacia è una delle più usate in ambito strategico, deriva dalla Scuola di Palo Alto[7] e si basa sull'e-

[7] Una trattazione più completa si può trovare nel libro di Paul Watzlawick *Il linguaggio del cambiamento. Elementi di comunicazione terapeutica* (Fel-

sasperazione del sintomo. Per spiegarvi il suo funzionamento, ricorrerò a una piccola metafora. Immaginate di avere una pianta infestante nel giardino, che volete a tutti i costi eliminare perché danneggia gli altri fiori. Avete già provato a tagliarla o a strapparla (ecco la tentata soluzione disfunzionale), ma non c'è stato niente da fare: le sue radici scendono in profondità nel terreno e le permettono di tornare a ricrescere, nonostante tutti i vostri sforzi. Allora venite da me per avere un consiglio, e io vi propongo di innaffiare la pianta infestante.

A quel punto, se non l'avete ancora fatto prima, mi prendete per matto. «Ma come innaffiarla?» esclamate. «Io ti dico che voglio eliminarla e tu mi proponi di darle dell'acqua che la fa crescere?» Esatto. Io vi chiedo di passare le giornate a raccogliere taniche, secchi, bidoni o anche solo bicchierini pieni d'acqua, ovvero tutti i pensieri, le emozioni, le paure, i ricordi, le delusioni che impattano negativamente su di voi, per poi rovesciarli sulla pianta tutti in una volta durante i venti minuti di esercizio. Sapete cosa significa questo? Che più acqua riuscite a raccogliere, più potrete buttarne sulla pianta, finché le sue radici marciranno. Più sarà bagnata, più in fretta morirà da sola. E a voi non resterà altro da fare che estirparla e rimettervi a curare il vostro bel giardino.

Quando l'esercizio inizierà a dare i suoi frutti, vi chiederò poi un altro sforzo: un atto di volontà, utilissimo in

trinelli, 2013). Potete anche consultare a questo proposito *L'arte del cambiamento*, di Giorgio Nardone e Paul Watzlawick (Tea, 2015) e *Ansia. 99 stratagemmi per liberarsene rapidamente* di Andrea Fiorenza (Rizzoli, 2006).

questo percorso, detto risignificazione. Di cosa si tratta? Tutto quello che avevate creduto negativo (l'acqua, ovvero gli episodi che vi hanno fatto soffrire) deve diventare positivo perché vi serve per bagnare in abbondanza, o meglio annegare, la pianta infestante. Poco per volta, incontrando una nuova difficoltà, dovrete sforzarvi di pensare: "È acqua, mi serve, la raccolgo e la userò". In pratica, riuscirete a cambiare la polarità dei vostri problemi, da negativi a positivi, fino a rendervi conto che in sé per sé non hanno alcuna valenza, ma la assumono in base a come vengono interpretati. Proprio come l'acqua, che può dissetare o annegare: dipende solo da come la si usa.

Le *Improprietà situazionali*

Ideale per chi soffre di eccessiva insicurezza, paura di sbagliare, bassa autostima, senso di inadeguatezza, timore del giudizio altrui, inibizioni sociali.

Le tecniche precedenti, *Povero me* e *Stanza 101*, funzionano bene insieme; questa, che di nuovo ho progettato insieme a Fabio Leonardi, può funzionare insieme ad altre strategie oppure anche da sola, nei casi sopraccitati (*vedi Workbook, p. 256*).

In questo caso, vi chiedo di commettere di proposito alcune azioni che rientrano nella categoria delle cosiddette "brutte figure": lapsus, gaffe, sbadataggini di ogni genere. Non devono essere errori grossolani, né situazioni che possano mettere in pericolo o in difficoltà voi stessi e quelli che vi circondano, ma semplicemente dei piccoli sbagli (delle Improprietà situazionali, appunto) che possono farvi arrossire e sentire a disagio. Qualche esempio? Rovesciare il caffè al bar o l'acqua al ristorante; entrare in un negozio e chiedere taglie e prezzi di vari capi d'abbigliamento senza comprarne neanche uno; in treno, insistere con un altro passeggero che il posto che sta occupando è il vostro anche se sapete benissimo che non è vero; fingere di inciampare su un gradino; chiedere a qualcuno che ore sono, meglio ancora se vi trovate sotto un orologio bene in vista; non partire subito quando al semaforo scatta il verde e aspettare finché quello dietro suona il clacson; ordinare una fiorentina in un ristorante che serve solo pesce; buttare per finta un foglio importante in ufficio e quindi andare a recuperarlo dal cestino; mandare un'email alla persona sbagliata; chiamare qualcuno con un nome che non è suo; indossare due scarpe diverse... e via dicendo, l'elenco potrebbe essere infinito. Anzi, se vi dovesse venire in mente una qualche situazione leggermente imbarazzante come quelle descritte sopra, potete benissimo metterla in atto.

Provate a fare qualche figuraccia ogni giorno. All'inizio sarà difficilissimo, ma già dopo i primi tentativi vi accorgerete che le cose non vanno poi così male come avevate temuto. Il vostro livello di imbarazzo scenderà rapidamente, e soprattutto gli altri vi lanceranno sì a volte dei piccoli sguardi di derisione, ma più spesso vi verranno incontro: se fingete di inciampare e cadere, qualcuno allungherà una mano per afferrarvi (simulate e basta, mi raccomando! Non vorrei mai trovarmi davanti un lettore con il braccio ingessato che mi dice: «Ho fatto le *Improprietà situazionali* e questo è il risultato...»!); il barista vi rifarà il caffè che avete rovesciato; la commessa del negozio non vi sbranerà se anche non comprate nulla. Poco per volta vi renderete conto che il vostro timore di fare qualcosa di sbagliato e inopportuno è per lo più ingiustificato, e questo vi renderà meno rigidi nelle relazioni con voi stessi e con gli altri. Oltre al fatto che, passati i primi istanti, la vostra goffaggine simulata vi porterà a fare un sacco di risate... il che, come abbiamo visto, è positivo, perché serve a prendere le distanze dai problemi.

Come funziona?

«Essere goffo o sciatto, parlare o muoversi in modo sbagliato, significa essere un pericoloso gigante, un distruttore di mondi. Come dovrebbe sapere ogni psicotico e ogni comico, qualsiasi mossa studiatamente impropria può lacerare il velo sottile della realtà immediata.» Lo scrive Erving Goffman[8], bravissimo nello scandagliare i rapporti che intercorrono fra l'identità dell'individuo e il contesto in cui vive e quindi con cui interagisce, a partire dai rituali del quotidiano.

Le piccole gaffe di cui parlavo sopra, sostiene Goffman, sono degli elementi di disturbo, che accrescono il livello di tensione della situazione in cui ci si trova. Alcuni individui, volendo evitare tutti quei piccoli in-

[8] Di Goffman ho già citato *L'interazione strategica*; ora aggiungo *Espressioni e identità. Gioco, ruoli, teatralità* (il Mulino, 2003) e *Il comportamento in pubblico. L'interazione sociale nei luoghi di riunione* (Einaudi, 2006).

cidenti che possono metterli in imbarazzo, preferiscono non fare nulla invece che rischiare di sbagliare. Di conseguenza, per non sentirsi inadeguati, evitano tutta una serie di situazioni e finiscono così per alimentare il loro stesso senso di inadeguatezza (ricordate la fuga dal cane rabbioso con lancio di carne incorporato di cui vi parlavo nel capitolo precedente?).

Perché lo fanno? Perché hanno un'immagine eccessivamente rigida della realtà che li circonda, e temono che ogni loro minimo errore comporti una reazione spropositata e punitiva da parte del mondo esterno. L'obiettivo di questa strategia è proprio quello di andare a sabotare la percezione della realtà di queste persone, violando in maniera minima e controllata tutte quelle regole formali che la costituiscono.

Se fate per sbaglio una gaffe, è facile immaginare che vi sentiate in imbarazzo, a volte proprio a disagio. Se invece la fate apposta, pur fingendo che sia vera, la vostra percezione di quello che è successo cambia radicalmente, e questo vi consente di aprire una breccia attraverso la quale potete rendervi conto che il mondo là fuori è completamente diverso da come ve lo eravate dipinto. La rottura dei tabù permette di valutare in maniera nuova, e molto più rilassante, quei piccoli errori in cui tutti ogni tanto naturalmente incorriamo: non sono più eventi tragici e negativi, tali da minare il vostro benessere, ma piccolezze di cui si può ridere e a cui soprattutto si può porre rimedio. Può sembrare strano quando lo si spiega, eppure è così: da un bicchiere d'acqua rovesciato può scaturire una vera e propria rivoluzione interiore, che vi porterà a rivedere il vostro senso di identità e a ristrutturarlo completamente, stavolta in maniera virtuosa.

Le *Lettere apologetiche*

Ideale per chi si trova in una situazione di sudditanza emotiva nei confronti di un'altra persona, tipicamente del/della partner, e, pur riconoscendo la propria relazione come disfunzionale, non riesce a uscire dal meccanismo di dipendenza.

In questa tecnica, la terza e ultima che ho ideato con Fabio Leonardi, vi chiedo di scrivere delle lettere alla persona verso la quale provate una sudditanza affettiva, al punto che qualsiasi azione che questa faccia o non faccia condiziona visibilmente il vostro umore e la vostra capacità di relazionarvi con gli altri (*vedi Workbook, p. 258*). Nel redigere questi testi, dovete tenere conto di alcune regole:

1) Ingigantite il potere che questa persona ha su di voi in ogni modo possibile e immaginabile. Per esempio, in una lettera a un ipotetico fidanzato sfuggente, potreste scrivere: «Tu hai veramente tantissimo potere su di me. Davanti a te io non sono altro che un'umile cortigiana, in attesa di un tuo minimo gesto di assenso nei miei confronti. Se non mi mandi un messaggio ogni due ore, precipito in un baratro di disperazione da cui mi è impossibile risollevarmi, mentre basta che tu mi chieda di andare a comprare il latte per render-

mi la persona più felice sulla faccia della Terra. Sono prostrata ai tuoi piedi, suddita delle tue volontà, e non posso che riconoscere l'immenso potere che hai su di me rimanendo giorno e notte in tua adorazione...». Prendete spunto da fatti concreti (come un appuntamento disdetto all'ultimo che vi ha fatto stare particolarmente male) e ingigantiteli il più possibile. L'apologia è appunto l'esaltazione spropositata di qualcuno o qualcosa, ed è questo che vi chiedo di fare.

2) Scrivete una lettera al giorno, comportandovi come se doveste effettivamente mandarla a chi di dovere e quindi voleste, anche con poche righe, fare bella figura. Per esempio, usate una penna che vi piace particolarmente, oppure della carta da lettere di una certa qualità, o magari aggiungete qualche goccia di profumo.

3) Una volta che avete finito di scrivere, piegate il foglio e mettetelo in una busta, poi chiudetela ermeticamente e tenetela da parte.

4) Non fate mai leggere i vostri scritti a nessuno, men che meno alla persona a cui sarebbero indirizzati. Teneteli per voi.

Una volta alla settimana, rileggete le lettere che avete scritto: tutte, se volete, o almeno le più radicali, ovvero quelle in cui la vostra venerazione per la persona in oggetto viene esaltata maggiormente. Continuate nello stesso modo anche nelle settimane successive: scrivete ogni giorno e ogni tanto rileggete ciò che avete scritto (normalmente, oppure anche davanti allo specchio, recitando le vostre frasi come nel "*Povero me*"). Dopo qualche tempo, potrebbero esserci dei cambiamenti: per esempio, potreste non riuscire più a scrivere nulla; oppure rileggere le vostre parole potrebbe farvi sentire in imbarazzo; o ancora, potreste pensare: "Ma veramente sono stata tanto male per delle cose del genere?". Sono i segnali che qualcosa in voi sta cambiando, ossia che state prendendo le distanze da quella condizione di sudditanza che vi faceva tanto soffrire. Poco per volta il processo di saturazione a cui vi siete sottoposti con questo esercizio attiverà in voi il cambiamento che vi consentirà di intervenire attivamente nella vostra relazione: interrompendola, se non ci sono altre possibilità, oppure riequilibrando le forze al suo interno.

Come funziona?

Il problema qui non è tanto il comportamento dell'altra persona, quanto la vostra reazione davanti a ogni sua azione, ed è proprio questo il punto in cui interviene la strategia delle *Lettere apologetiche*. Riconoscere, esasperandolo, il potere relazionale che l'altro ha nei vostri confronti vi permette di disinnescarlo, sfruttando come sempre un meccanismo paradossale di prescrizione del sintomo. Un po' alla volta, l'incastro relazionale che vi vede in stato di sottomissione diventa ridicolo, quindi è più facile prenderne le distanze e sciogliere un legame che per voi era limitante.

Acqua in bocca!

Ideale in caso di meccanismi rimuginativi, ipermentalizzazioni, incapacità di trovare una risposta o di prendere una decisione importante.

Può capitare a tutti di essere assillati da dubbi amletici a cui non si è in grado di trovare una soluzione. A volte magari vi sarete chiesti se fosse opportuno o meno lasciare la persona con cui state; se non fosse il caso di trasferirsi in un'altra città e di vivere in un contesto completamente diverso da quello a cui siete abituati; se valesse la pena lasciare il lavoro vecchio e sicuro per cercare una nuova occupazione, forse più gratificante ma molto più incerta...

A volte però accade che il dubbio diventi patologico. Le domande arrivano in maniera sempre più assillante nella vostra testa; voi cercate di rispondere ma senza riuscirci, e questo vi provoca insoddisfazione, ansia, sfiducia nelle vostre capacità. A volte potreste arrivare a perdere il sonno la notte o a deconcentrarvi di continuo durante il giorno, sperando nell'arrivo di un'improvvisa illuminazione che vi illustri, e in maniera convincente, quale sia la cosa migliore da fare e perché.

Succederà? Non vorrei sembrarvi scettico, ma temo di no. In ogni caso, continuare a tormentarvi non può portare a nulla di buono. Non potete agire sulle domande: quelle si creano spontaneamente e continueranno a farlo. Potete, invece, intervenire sulle risposte, bloccandole del tutto (*vedi Workbook, p. 258*).

Ogni volta che il dubbio torna a presentarsi, non sforzatevi di trovare una soluzione a tutti i costi: lasciate aperta la domanda. Datevi un appuntamento con voi stessi a un mese di distanza e per tutto questo tempo, mi raccomando, *Acqua in bocca*: non perdete tempo a cercare risposte che al momento non avete.

È come se io vi chiedessi, così su due piedi: «Spiegami come funziona la Teoria della relatività di Einstein!». Ci riuscireste? Forse no. E se io dopo un'ora ve lo chiedessi di nuovo? E poi ancora dopo tre ore? E poi di nuovo magari a nel cuore della notte, interrompendo il vostro sonno? No, no e no. Per avere una risposta pertinente, dovrei darvi qualche settimana di tempo per studiare a fondo la fisica e capire i meccanismi e le conseguenze della Teoria di Einstein.

I GRANDI ESPLORATORI

ALBERT EINSTEIN

Non ho citato Einstein (1879-1955) a caso anche se, tanto per mettere subito avanti le mani, non sarei in grado di spiegarvi così su due piedi la sua Teoria della relatività, né gli altri concetti scientifici a cui il suo genio l'ha condotto. Però l'ho sempre considerato un faro, un maestro e una guida, per la sua straordinaria intelligenza e soprattutto per il suo atteggiamento umile, ironico, anticonvenzionale. «Non ho particolari talenti, sono soltanto appassionatamente curioso» diceva il più grande scienziato della storia, vincitore di un Premio Nobel e infiniti altri riconoscimenti. E poi: «Il dono della fantasia mi è servito più della capacità di impadronirmi della conoscenza assoluta».

E ancora: «Le persone sono come le biciclette: riescono a mantenere l'equilibrio solo se continuano a muoversi». Potrei andare avanti per pagine e pagine a ripercorrere le sue massime, per me altamente motivazionali. E poi c'è la sua insofferenza agli ambienti accademici e all'istruzione ufficiale, la sua predisposizione a fare lavori anche molto umili pur di poter studiare gli argomenti che lo interessavano e portare avanti le sue ricerche, le sue prese di posizione in ambito politico e religioso... Vinse il Premio Nobel nel 1921, ad appena quarantadue anni, e nel 1933, essendo ebreo, dovette lasciare velocemente la Germania per trasferirsi negli Stati Uniti. Alla sua morte, avvenuta nel 1955, il patologo che si occupò dell'autopsia non resistette all'idea di rubare il suo cervello per esaminarlo e tentare di capire l'origine del suo genio. L'organo venne poi diviso in varie sezioni: la più grande è custodita ancora oggi all'ospedale dell'Università di Princeton, nel New Jersey.

Concedetevi la stessa pausa, senza assilli, per almeno trenta giorni; poi fate un briefing con voi stessi: se a quel punto sapete la risposta, agite di conseguenza; altrimenti... continuate a studiare.

Come funziona?

È di Jon Elster[9], sociologo norvegese, l'idea che un

[9] Il libro di riferimento per questa e altre tecniche è *Ulisse e le sirene. Indagini sulla razionalità e l'irrazionalità* (il Mulino, 2005).

procedimento logico come dare risposte alle domande possa diventare illogico, se produce effetti disastrosi: in questo caso, meglio il silenzio. In termini più colloquiali, possiamo immaginare che il dialogo interiore in casi simili si sviluppi in questo modo:

«Cosa faccio, lo lascio o non lo lascio?»

«Prova a lasciarlo.»

«E dopo dove vado a vivere?»

«Dovrai cercare una casa nuova.»

«E se non la trovo?»

«Potresti farti ospitare da qualche amica.»

«E se non mi trovo bene e litigo anche con lei? E se poi mi accorgo che senza di lui sto male? E se lui si mette con un'altra e io sono gelosa? E se...»

Ogni tentata risposta genera un'infinità di nuove domande, che si ramificano una dopo l'altra e aumentano la vostra insicurezza. Se invece voi smettete di rispondere, succederà qualcosa di simile:

«Cosa faccio, lo lascio o non lo lascio? Cosa faccio, lo lascio o non lo lascio? Cosa faccio, lo lascio o non lo lascio? Vabbè, allora basta, ciao». È come quando vi capita di incontrare una persona che ancora non conoscete, che magari si avvicina a voi e vi dice: «Ciao, io sono Gerry, tu come ti chiami?». Se rispondete, probabilmente inizia un dialogo. Se non rispondete, dopo un po' Gerry si stanca e se ne va.

L'*Acqua in bocca* consiste proprio nel non dar corda alle proprie domande e lasciare che si azzittiscano da sole. Così facendo non troverete automaticamente la miglior soluzione per tutti i vostri dubbi, ma bloccherete sul nascere un dialogo inconcludente e potenzialmente doloroso.

Bruce Lee

Ideale per chi si sente vittima di prese in giro, prevaricazioni, accanimento da parte di una persona che gli sta attorno (spesso si tratta del capoufficio o di un superiore al lavoro, di un compagno di classe, di un genitore o così via).

Una volta è venuta da me in studio una ragazza che soffriva moltissimo per via del rapporto con sua madre. Le due lavoravano insieme nello stesso negozio. La figlia avrebbe avuto migliaia di idee, alcune anche molto carine, per migliorare l'attività e rendere il locale più accattivante per i clienti, ma, tutte le volte che provava a dirle, la madre le rifiutava all'istante, una dietro l'altra. La ragazza ci stava male; iniziava a sentirsi inadatta, a pensare di non potersi esprimere, a provare una grande frustrazione.

Io le ho consigliato di andare da sua madre e di dirle, con grande convinzione: «Sai mamma che ci ho pensato bene e hai ragione tu? Tutte le idee che ti ho detto erano veramente stupide, hai fatto bene a non farmele realizzare. Anzi, sai cosa? Se capita di nuovo che me ne vengano in mente altre, fermami subito. Non ti preoccupare di essere severa, anzi: vacci giù pesante, così imparo». Il risultato? Da quel momento in poi la madre ha iniziato ad ascoltare la figlia con più attenzione, ha preso in considerazione le sue proposte e molte sono poi diventate realtà: le hanno realizzate insieme un po' per volta, collaborando alla pari.

Come funziona?

Anche questa è una tecnica nota e diffusa sia in ambito di *problem solving*, sia nella psicologia positiva. A me piace ricollegarla alle tattiche di combattimento di Bruce Lee, alle quali ho già accennato all'inizio di questo libro. L'esempio riportato sopra è piuttosto blando: dubito che la madre volesse davvero ferire la figlia, anche se di fatto era quello il risultato delle sue azioni. In altri casi, invece, capita di essere vittime di un attacco deliberato e mirato: le malelingue che spargono in giro voci non vere sul nostro conto, un superiore che si diverte a umiliarci e così via. Se noi pariamo i loro colpi, ci facciamo male. Se proviamo a contrattaccare, ci facciamo malissimo. In che modo possiamo uscirne, allora? Facendo come Bruce Lee: agevolando l'attacco per poi spostarci repentinamente e far sì che la forza del nostro avversario non colpisca noi ma, con un nostro minimo intervento, sbilanci lui mandandolo gambe all'aria (*vedi Workbook, p. 259*).

Se qualcuno, per esempio, vi parla alle spalle, potreste andargli incontro pubblicamente (più gente vi vede e meglio è) e ringraziarlo per la gentilezza che mostra nei vostri confronti, per la delicatezza con cui vi ascolta quando avete bisogno, per l'aiuto che non ha mai mancato di darvi. Se qualcuno vi tratta male, adulatelo per i suoi modi diretti. Se qualcuno vi prende

I GRANDI ESPLORATORI

BRUCE LEE

L'avevate già capito che Bruce Lee (1940-1973) è uno dei miei miti, no? Da appassionato judoka, non avrebbe potuto essere diversamente: adoro il suo modo di combattere, ma anche la sua profonda conoscenza della psicologia, che studiò, e dei principi filosofici che governano le arti marziali – ed è anche per questo che da una sua strategia di combattimento si può dedurre una tecnica in ambito strategico! I suoi genitori erano attori e vivevano fra Hong Kong e gli Stati Uniti. Dopo aver avuto qualche brutto incontro con i ragazzi della criminalità organizzata cinese, iniziò a praticare le tecniche di difesa marziali, poi il Kung Fu, il Wing Chun e la boxe. Inventò persino una nuova arte marziale, che chiamò Jeet Kune Do e definì così: «Il Jeet Kune Do rifugge dal superficiale, penetra nel complesso, va al cuore del problema e ne individua i fattori chiave». Alla fine degli anni Sessanta iniziò a dedicarsi al cinema, recitando poi da protagonista in film indimenticabili come *Il furore della Cina colpisce ancora, Dalla Cina con furore, L'urlo di Chen terrorizza anche l'Occidente* e *I 3 dell'Operazione Drago*. Questo fu il suo ultimo cortometraggio: morì poco dopo la fine delle riprese, probabilmente per un edema cerebrale, anche se quello che accadde davvero nelle sue ultime ore è ancora avvolto nel mistero.

in giro, ringraziatelo pubblicamente per il modo sopra le righe in cui vi fa notare i vostri difetti. Sarà come scansarsi davanti all'attacco di un nemico feroce e poi guardarlo mentre cade a terra da solo, vittima della sua stessa foga.

L'efficacia di questa tecnica sta nella sua capacità di disinnescare l'attacco altrui prima che questo possa colpirvi. Mi rendo conto che richieda un grande coraggio: è difficile chiedere a chi vi sta facendo soffrire di farlo ancora di più; ci vogliono grandi dosi di fermezza e sicurezza nei propri mezzi. Ma al tempo stesso posso garantirvi che funziona moltissimo, per cui vi invito a dare a *Bruce Lee* una possibilità in caso di bisogno.

La guerra dei Roses

Ideale per le coppie in crisi, soprattutto se molto litigiose.

Il tema dei problemi di coppia è evidentemente enorme e molto variegato, ed è impossibile pensare di risolverlo in poche righe. Personalmente negli ultimi anni ho l'impressione che si stia creando una forbice fra il nostro modello culturale di riferimento e la realtà, e questo scollamento si sta facendo sentire a volte anche in maniera patologica.

Voi, per esempio, quante coppie conoscete? E quante ne conoscete *che non si sono mai tradite*? Tutte le persone a cui lo chiedo danno cifre molto alte come risposta alla prima domanda, ma alla seconda il numero si riduce drasticamente. Ora, non sto assolutamente dicendo che per stare bene con il partner sia necessario essere infedeli: semplicemente evidenzio come ciò che è considerato giusto e appropriato dalla società in realtà non esiste, se non in minima percentuale. Penso per esempio che lo scenario ipotizzato dal film *Perfetti sconosciuti*, di Paolo Genovese (un gruppo di amici, durante una cena, decide di mettere i cellulari al centro del tavolo e di condividere con gli altri i messaggi ricevuti. Così facendo, i segreti di ognuno di loro vengono svelati, con conseguenze tragiche sulle loro vite private e sulle loro relazioni...) sia esattamente lo specchio della realtà, e che riconoscerlo sia un primo passo per provare a proporre modelli alternativi nell'ambito delle relazioni. Forse questo dovrebbe indurci a un nuovo ragionamento sul tema della coppia, per evitare che aspirazioni troppo alte, o comunque lontane da quella che è di fatto la norma, provochino malessere e frustrazioni in eccesso...

La tecnica che vi presento qui (*vedi Workbook, p. 259*), per tentare di risolvere un momento di difficoltà con il vostro partner, è ispirata al film *La guerra dei Roses*, diretto da Danny DeVito e con Michael Douglas e Kathleen Turner. Non so se l'avete mai visto: è un vero capolavoro del grottesco e mette in scena una coppia di sposi inizialmente felici ma che poi, dopo una serie di divergenze, arrivano a odiarsi e si accaniscono in maniera incredibile l'uno contro l'altro. Per chi sapesse come va a finire, ci tengo a fare una precisazione: noi ci fermeremo prima, molto prima.

L'esercizio che vi propongo potrebbe sembrarvi un

po' assurdo (persino più degli altri, ebbene sì!), ma provate ugualmente a farlo in modo sistematico prima di giudicarlo. In questa strategia chiedo a voi e al vostro partner di stare quindici minuti al giorno da soli in un ambiente chiuso (l'ideale sarebbe in macchina, in un parcheggio lontano da tutto e tutti) e, per tutta la durata dell'esercizio, dirvi ogni cosa senza censure. Questo significa litigare furiosamente, insultarsi, far volare offese e parolacce, prendersi a cuscinate (se vi siete portati dietro i cuscini: ogni altra forma di violenza non è assolutamente ammessa, né dentro né fuori!), tirare fuori con forza tutto quello che vi fa male. Trascorsi questi quindici minuti, uscite dalla macchina e tornate alle vostre normali attività quotidiane.

Anche in questo caso, ci sono delle regole:

1) Fissate fin da subito un luogo e un orario e rispettateli sempre, qualunque cosa succeda.
2) Dedicatevi all'esercizio quotidianamente, senza saltare neppure un giorno.
3) Se in un qualsiasi altro momento della giornata, fuori dall'esercizio, vi viene da litigare, mollate tutto e correte in macchina per un altro quarto d'ora. Non rimandate al giorno dopo, se non ci riuscite: sfogatevi subito e senza remore.
4) Per i litigi "extra", comanda chi sente il bisogno di bisticciare e l'altro deve accettare la sua volontà.

Andate avanti in questo modo almeno per quindici giorni. Poi, in seconda battuta, passate alla parte successiva dell'esercizio: incontratevi ogni giorno, sempre meglio se in un luogo appartato e fuori casa, lontano dalla routine, e parlate in maniera pacata. Non insieme: comincia uno e spiega il proprio punto di vista con il preciso intento di farsi capire, mentre l'altro ascolta in totale silenzio, senza manifestare la sua eventuale disapprovazione in nessun modo; dopo cinque minuti (cinque di orologio, mi raccomando!) i ruoli si invertono. Anche in questa seconda fase, naturalmente, se sentite la necessità di litigare potete tornare a chiudervi in macchina per quindici minuti e sbraitare quanto volete!

Come funziona?

Il funzionamento di questa tecnica è comune ad altre già viste in questo capitolo: si tratta di raccogliere nel quotidiano tutte le manifestazioni di malessere relative alla vita di coppia (ovvero tutto ciò che vi delude, ferisce, spaventa e fa arrabbiare) per poi farle esplodere in un unico contenitore spazio-temporale, ossia i quindici minuti in macchina. Così facendo si convogliano le difficoltà in un momento condiviso ed esasperato, che produce quel meccanismo di saturazione tanto prezioso per innescare il cambiamento.

La fase successiva, in cui alle litigate si sostituiscono dei discorsi chiarificatori, è utile a comunicare fruttuosamente con il partner e a evitare meccanismi fallimentari (per esempio: «non glielo dico perché tanto non mi capisce»). I toni pacati e l'assenza di reazione dovrebbero garantire una migliore espressione e ricezione del messaggio, votato a una potenziale risoluzione delle situazioni critiche e al superamento dei problemi.

I *Cinque desideri*

Ideali per le coppie in crisi, soprattutto se sussistono evidenti problemi di comunicazione.

Ogni giorno, scrivete su cinque foglietti altrettante cose che vorreste che il vostro partner facesse per voi (*vedi Workbook, p. 260*). Devono essere compiti concreti, misurabili, e orientati a migliorare il vostro rapporto. Quindi non valgono richieste come: «Vorrei che fosse un padre migliore per i nostri figli», bensì: «Vorrei che domani andasse a prendere i figli da scuola e li portasse a pallavolo»; non «vorrei che mi capisse di più» ma «vorrei che mi ascoltasse in silenzio per cinque minuti». Anche il vostro partner farà lo stesso, in modo analogo – ricordatevi di fissare a priori le tempistiche dei desideri, che devono essere immediate e comuni a entrambi (ai fini dell'esercizio, non avrebbe molto senso scrivere: «Vorrei che l'estate prossima mi portasse in vacanza in Croazia» perché è impossibile verificare in tempi brevi se questo avverrà o meno).

Ogni sera scambiatevi i foglietti e il mattino successivo, come prima cosa, leggete le richieste che avete ricevuto, poi decidete quante e quali mettere in pratica. Dopo dieci giorni incontratevi, sempre meglio se in un posto appartato e lontano da casa, e tirate le somme: quante richieste del vostro partner avete esaudito? E lui/lei quante ne ha realizzate delle vostre?

Come funziona?

Questa tecnica tende ad aumentare la consapevolezza dei due partner su quanto, concretamente, si è disposti a fare per venirsi incontro e migliorare la propria relazione. Alla resa dei conti possono aprirsi diversi scenari: magari voi avete realizzato tutti i desideri del vostro partner e lui nessuno dei vostri, e questo è un risultato oggettivo di cui tenere conto. Magari invece è successo l'esatto contrario, oppure c'è un sostanziale equilibrio. Ciò che importa è che ora avete dei dati incontrovertibili in mano: i desideri di entrambi, che non appartengono più alla sfera del non detto ma sono stati dichiarati, e la reciproca disponibilità a esaudirli.

Va detto che anche questa tecnica di per sé non è risolutiva. È come ricevere i risultati di una statistica: in sé per sé non dicono nulla, per avere delle risposte bisogna saperli interpretare – e questo è un lavoro che dovrete fare in prima persona, da soli o in compagnia del partner, per sapere dove vi conducono le vostre esigenze e in quale direzione si trovi la vostra felicità.

Mappa del capitolo

- Le strategie qui proposte, nate su ispirazione dell'approccio strategico della Scuola di Palo Alto, si basano prevalentemente sulla prescrizione del sintomo: si curano le persone sfruttando il loro stesso male.
- I neuroni specchio, fondamentali nel processo di apprendimento tramite ripetizione e imitazione, sono una scoperta recente, fatta da un team di ricercatori italiani guidati da Giacomo Rizzolatti.
- Affinché le strategie vadano a buon fine, è necessario eseguirle con il *mindset* adatto e la giusta fiducia.
- Il *Giornale nautico*, la *Lista degli impatti* e la *Stanza 101* consentono di individuare i momenti critici di ogni giornata e di usarli per combattere il problema che li crea.
- Le *Improprietà situazionali* sono tutte quelle piccole gaffe che, se fatte consapevolmente, possono cambiare il modo di intendere la realtà e viverla in maniera molto più soddisfacente.

- La tecnica delle *Lettere apologetiche* consente di esaltare fino all'estremo la persona verso cui si ha una dipendenza affettiva per riequilibrare il rapporto.
- *Acqua in bocca* è una strategia nella quale, quando si è in preda ai dubbi, si smette di cercare delle risposte e quindi di tormentarsi in ogni modo.
- La tecnica *Bruce Lee* prevede di usare la forza dell'avversario per metterlo al tappeto.
- *La guerra dei Roses* e i *Cinque desideri* sono tecniche di coppia, ideali per ridurre i litigi e comunicare con il partner in maniera più efficace.

"T" COME TEMPO

Le tecniche che vi ho presentato nel capitolo precedente, pur se orientate alla soluzione di problemi di vario genere, hanno tutte una cosa in comune: servono ad arrivare allo sblocco, ovvero a quel momento in cui un meccanismo inceppato riprende lentamente a funzionare. Questo non vuol dire che il problema sia risolto, ma che qualcosa ha iniziato a muoversi. È un po' come rompere il fiato durante una corsa: non significa essere arrivati alla fine di una maratona, ma aver superato il senso di spossatezza e insicurezza iniziale per raggiungere uno stato più fluido e dinamico. Non è detto che dopo lo sblocco riuscirete a correre per tutto il percorso o ad arrivare primi al traguardo, ma è certo invece che senza sblocco non ce la farete mai.

Credo che questo sia un momento importante per moltissime ragioni. Primo, lo sblocco è una ratifica, un progresso misurabile e concreto. Vuol dire che si è arrivati a una svolta, e quindi che il livello del malessere iniziale è diminuito. Naturalmente potreste pensare: "Ok, all'inizio da 0 a 10 stavo male 8, ora sono a 6 ma sto male comunque". Certo, è normale: però un passo in avanti c'è stato, ed è su quello che bisogna focalizzarsi, senza dare troppa importanza agli orpelli negativi.

Una volta avevo in cura una signora che era terrorizzata all'idea di stare in mezzo agli altri e non riusciva neppure ad andare a fare la spesa da sola. La sua paura era tale che, come da classico esempio di evitamento nelle tentate soluzioni disfunzionali, si teneva del tutto alla larga dai supermercati e delegava questa incombenza ai suoi familiari. Dopo varie sedute ed esercizi, finalmente mi ha detto: «Sai, Gerry, ieri per la prima volta da anni sono riuscita ad andare a fare la spesa, ma comunque non ero del tutto tranquilla...». «Però intanto ci sei andata» le ho fatto notare, «mentre qualche settimana fa non l'avresti mai fatto.»

Quello che voglio dire è che concentrarsi eccessivamente sul malessere che ancora rimane dopo lo sblocco significa guardare indietro invece che avanti; esaltare il problema invece che il percorso che porta alla sua soluzione. In questi casi bisogna sempre tenere in mente il metro del Louvre: una misura convenzionalmente riconosciuta e da usare in tutta la sua lunghezza, riconoscendo che fra un punto e l'altro c'è una differenza di misurazione, e quindi un cambiamento. Come si farebbe con un metro fra le mani, occorre essere obiettivi nell'autovalutazione dei propri miglioramenti. Ogni aggiunta pessimista all'osservazione del passo avanti che effettivamente è stato fatto è molto pericolosa ai fini dell'autonarrazione e può rischiare di invalidare i cambiamenti successivi o di generare insoddisfazione. Insomma, sminuire i propri miglioramenti va bene solo se proprio non volete farne altri perché avete deciso che preferite stare male a vita!

Un altro motivo per cui lo sblocco è un passaggio fondamentale è che corrisponde a un momento di pausa e osservazione. Il mondo di oggi procede a ritmi forsennati, per cui siamo abituati ad avere reazioni e risposte immediate alle nostre azioni. Ma i tragitti di cambiamento richiedono tempo, e questo è vero anche negli approcci strategici, che pure sono brevi per definizione.

Le misurazioni non possono avvenire nel quotidiano. Non ha senso chiedersi oggi quanto si stia meglio o peggio rispetto a ieri e pretendere di usare questo dato come un fattore oggettivo di crescita o decrescita. Le oscillazioni dell'umore sono come un sismografo che registra di continuo delle piccole scosse: i balzi in avanti nel brevissimo periodo possono illudere, quelli indietro possono demoralizzare. È molto meglio darsi un lasso di tempo fra una misurazione e l'altra, almeno tre settimane o un mese, in modo da giudicare con più obiettività i risultati degli sforzi fatti.

Ed è per questo che, dopo il capitolo sulle strategie, estremamente pratico, vi propongo qualche pagina di spunti su un tema a cui ho già accennato più volte finora – e non potrebbe essere altrimenti, vista la sua importanza – e che può rivelarsi determinante nel processo di cambiamento: il **Tempo**. È una sorta di pausa di riflessione: il momento in cui si tirano i remi in barca e si lasciano sedimentare i risultati ottenuti, prima di procedere a consolidarli.

Esiste o non esiste?

Che cos'è il tempo? Non basterebbe un'enciclopedia intera a spiegarlo. Per semplificare al massimo, lo definirei con una frase di Albert Einstein: «Il tempo è relativo, il suo unico valore è dato da ciò che noi facciamo mentre sta passando». Non è un concetto solo filosofico, ma soprattutto scientifico: Einstein, con la sua teoria della relatività, è stato il primo a intuire che il tempo non fosse una grandezza assoluta, com'era considerato fino a quel momento, bensì un'entità in relazione con il sistema di riferimento in cui la si osserva. Non solo: ha anche capito che a diverse altitudini il tempo scorre in maniera diversa, ovvero più lentamente in basso e più velocemente in alto.

Le sue previsioni si sono rivelate vere non solo sulla Terra, ma anche nello spazio, tanto è vero che si è scoperto che in prossimità dei buchi neri (ovvero quegli enormi corpi celesti il cui campo gravitazionale è così intenso da non lasciare sfuggire nulla, neppure la luce, e che ancora sono tanto misteriosi e affascinanti per gli astronomi) il tempo rallenta talmente tanto da fermarsi. Se ipoteticamente potessimo affacciarci sul bordo di uno di essi, percepiremmo come una frazione di secondo quello che sulla Terra sono milioni di anni.

Questo non accade solo nell'universo ma anche, più in piccolo, negli atomi di ogni essere vivente. Nella meccanica quantistica il tempo non è più considerato una variabile fondamentale[1], perché ci si è accorti che non è utile per descrivere quello che succede in piccola scala. Molto più importante, invece, è vedere come le cose si muovano insieme ad altre cose, ovvero studiare le relazioni che si creano fra di loro. L'alba non arriva perché l'orologio segna le sei, ma perché in quel certo momento, in un preciso luogo del pianeta, il sole si alza sopra la linea dell'orizzonte, la luce si diffonde nell'aria, la temperatura si alza e così via. Quindi, per descrivere scientificamente quello che accade nel mondo, nel piccolo degli atomi e nell'immensità dell'universo, non ha alcun senso parlare del prima e del dopo, bensì dei rapporti fra un evento e l'altro.

Da profano di scienza, ma studioso di psicologia e in generale appassionato esploratore dei comportamenti umani, rimango sempre affascinato da queste nuove scoperte. E mi chiedo: in che modo potrebbe cambiare la nostra vita se pensassimo di più alle relazioni che dominano gli eventi che viviamo, quelli de-

[1] Direi che per essere uno psicologo mi sono già spinto troppo in là nelle faccende scientifiche, non vi pare? Se volete saperne di più sul concetto del tempo, vi consiglio di leggere il libro di Carlo Rovelli intitolato *L'ordine del tempo* (Adelphi, 2017), dove troverete i concetti qui abbozzati e molti altri spunti perfettamente approfonditi.

cisi da noi e quelli invece che ci capitano o ci vengono imposti, invece di allinearli in una sequenza temporale? E cosa succederebbe se riuscissimo a sovvertire completamente il nostro concetto di tempo?

Un clock per ogni giornata

Perché non c'è dubbio che questa entità misteriosa, e magari anche inesistente, condizioni in mille modi le nostre giornate. La maggior parte di noi, perdonatemi il gioco di parole, passa il tempo a lamentarsi del tempo che passa, a cercare di restringerlo o dilatarlo in base alle proprie esigenze, a deformarlo come gli orologi dei quadri di Salvador Dalí[2]. A volte ci pare poco, altre volte non finisce mai; certi giorni ci sembra che voli, altre volte è quasi impossibile farlo passare. Arranchiamo dietro alle ore sperando di afferrarle, magari addirittura metterle da parte e farne tesoro, ma mentre le prendiamo da una parte, ci scappano dall'altra.

Ci lamentiamo di non avere mai tempo, e magari lo facciamo scrivendolo sui social (quanto tempo risparmieremmo se riuscissimo a tenerci lontani da computer e telefonini?). Ma quanto di questo bisogno di più

[2] Il quadro a cui sto pensando, e che sicuramente avrete in mente anche voi (se così non fosse, cercatelo subito su Internet!) è del 1931 e si intitola *La persistenza della memoria*. Alcuni critici sostengono che Dalí si sia ispirato proprio alla teoria della relatività di Einstein per ideare i suoi famosi "orologi sciolti".

I GRANDI ESPLORATORI

SALVADOR DALÍ

Penso che ormai sia chiaro a tutti che ho una evidente predilezione per i geni folli e visionari... e chi più di Salvador Dalí (1904-1989) potrebbe rientrare in pieno in questa categoria? Artista prima cubista e poi dadaista, fino a raggiungere quel suo stile surrealista riconoscibilissimo, impossibile da imitare, Dalí fu sempre un personaggio eccessivo e scandaloso, fuori dalle righe, incapace di mezze misure. Si occupò di pittura e di scultura, ma anche di fotografia, teatro e cinema, lasciando un'impronta unica in tutti i suoi campi d'azione. «Non avere paura della perfezione» era solito dire, «tanto non la raggiungerai mai.»
Dalí si interessò approfonditamente di scienza, religione, società, misticismo, filosofie orientali, ma mai direttamente di psicologia, seppure sia evidente come gli studi sull'inconscio di fine Ottocento e inizio Novecento abbiano ampiamente influenzato l'immaginario di molti surrealisti. Per contro si dice che Freud, guardando con interesse i quadri dell'artista, l'avrebbe definito un «pazzo totale» e avrebbe commentato che i suoi lavori rivelavano un «serio problema psicologico». È probabile che avesse ragione, chissà. Certo è che a volte i migliori capolavori sembrano proprio nascere dall'unione fra genio e follia....

tempo è vero, e quanto invece è autoindotto? A volte siamo smaniosi di fare e dire molto più del dovuto, di vivere delle esperienze che magari non ci appartengono e non potranno mai portarci alla felicità. Ci affanniamo come se dovessimo costantemente rispettare una tabella di marcia che nessuno veramente ci ha imposto, ma che assomiglia più a una gabbia che ci siamo costruiti con le nostre stesse mani.

Sia chiaro, io sono assolutamente favorevole a una scansione del tempo. Credo che possa essere utile ad avere una maggiore padronanza dello scorrere delle ore e indurci a raggiungere un ruolo di gestione attiva delle nostre giornate. Ma non deve essere un'imposizione meccanica: ci vuole flessibilità, naturalmente, e consapevolezza di cosa e quanto ognuno di noi può fare nell'arco delle ventiquattr'ore.

Un esempio che faccio spesso a questo proposito, e che ho imparato dal mio amico Renzo Di Falco, speaker di RDS, è quello del clock radiofonico. È uno schema, di solito rappresentato come un diagramma circolare, in cui viene indicato tutto ciò che un'emittente trasmette nell'arco di un'ora: giornale radio, musica, pubblicità, programmi, intervento degli speaker, interazione con il pubblico e così via. In alcune radio, il clock si ripete esattamente nella stessa maniera ora dopo ora; in altre invece cambia ogni sessanta minuti e viene sostituito da un nuovo schema, altrettanto dettagliato.

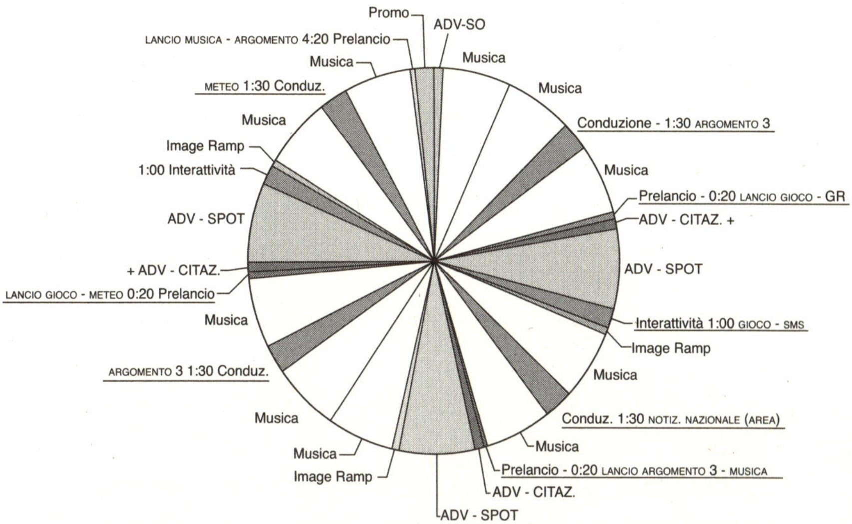

Vi consiglio di provare a fare qualcosa di simile anche nelle vostre giornate (*vedi Workbook, p. 261*): mettendo nero su bianco i vostri progetti e i vostri desideri, vi accorgerete subito se state esagerando – e quindi potrete correggervi prima che sia troppo tardi, evitando di sentirvi frustrati perché non siete riusciti a fare tutto. E magari, schematizzando i programmi, scoprirete che dedicate troppo tempo a qualche attività superflua, o che potreste sfruttare meglio alcuni momenti, o che in effetti incastrando tutto per bene riuscirete finalmente a far saltare fuori quei venti minuti da dedicare a ciò che di solito trascurate: la lettura, una piccola passeggiata, qualche esercizio fisico e così via.

Mi rendo conto che questa pianificazione possa sembrare un po' forzata. In fondo è come seguire una dieta: all'inizio si parte con grande entusiasmo, poi però subentrano la noia (o le tentazioni...) e in un attimo ci si distrae e torna tutto come prima. Eppure sono convinto che questa strategia dia i suoi frutti, e ci sono molti esempi a dimostrarlo. Conoscete Elon Musk? È un imprenditore sudafricano, classe 1971, fondatore fra l'altro della compagnia di auto elettriche Tesla Motors e del servizio di pagamento digitale PayPal. Nelle interviste racconta spesso di aver organizzato così le sue giornate: dodici ore di lavoro (un tempo ne faceva molte di più, ma la mancanza di sonno e l'abuso di caffeina stavano iniziando a creargli qualche problema fisico), sei di sonno e sei dedicate allo svago: la lettura, lo sport, i videogiochi, la fidanzata e i figli, che spesso porta con sé anche nei viaggi di lavoro. Bill Gates, il fondatore di Microsoft, corre ogni mattina sul tapis roulant per tenersi in forma. Howard Schultz, quando era amministratore delegato di Starbucks, si svegliava quotidianamente alle 4.30, faceva una lunga passeggiata con i suoi cani e poi rientrava a casa a preparare il caffè per la moglie. Jeff Bezos, fondatore di Amazon, non prende mai appuntamenti di mattina: preferisce passare quelle ore insieme alla sua famiglia. Dan Brown, lo scrittore di bestseller come *Il Codice da Vinci* e *Angeli e demoni*, lavora con una clessidra da un'ora sulla scrivania: quando finisce, interrompe all'istante quello che sta facendo e si dedica per qualche minuto a piegamenti e flessioni, poi gira la clessidra e torna al lavoro per un'altra ora.

Potrei andare avanti a lungo con esempi simili, ma credo che ormai il concetto sia chiaro: scandire le proprie giornate e farcirle con dei particolari rituali, qualunque essi siano, può essere un ottimo metodo non solo per aumentare la propria produttività, ma anche per dilatare il tempo a disposizione. D'altronde i rituali hanno sempre avuto un valore fondamentale nella nostra cultura, che per secoli è stata modellata dal ritmo delle stagioni, degli eventi circolari che ogni tot di tempo tendevano a ripresentarsi. Antropologicamente parlando, è attraverso la ripetizione che l'uomo si è evoluto e ha mantenuto un contatto con il sacro, con la magia, con tutto ciò che non è terreno. Per questo credo che rifare ogni giorno alcuni gesti, nello stesso modo in cui li si è fatti i giorni precedenti, contribuisca in un certo senso a rassicurarci, a creare un legame più forte con noi stessi, quindi anche a renderci più consapevoli.

E l'utilizzo del clock permette poi di sfruttare ogni singolo minuto, e per di più tiene lontano il rischio di fare cose a caso, che talvolta sono semplicemente inutili, e fin qui non ci sarebbe nulla di male, ma altre volte rischiano di essere dannose, se non altro per l'umore. L'importante è che ogni elemento dello schema risponda a un'effettiva esigenza personale, o a un piacere, ma comunque a qualcosa di davvero importante per voi stessi. È una piccola strategia che dà grandi risultati se già in partenza siete *business oriented*, ma funziona molto bene anche se la vostra ambizione non è quella di diventare dirigente d'azienda, ma "solo" (si fa per dire...) di vivere in maniera più consapevole e felice il vostro tempo.

Pareto e Parkinson

A proposito del rapporto fra tempo e produttività (non intesa ovviamente solo in senso economico, ma anche in termini di attività e svaghi che riusciamo a ritagliarci o meno nelle nostre giornate), vorrei condividere con voi due pensieri che forse già conoscete, ma che mi sembrano calzare a pennello qui. Il primo è il cosiddetto Principio di Pareto[3]: prende il nome da Vilfredo Pareto (1848-1923), sociologo ed economista, che l'ha formulato alla fine dell'Ottocento. Studiando la distribuzione dei terreni in Italia, lo studioso si è accorto che solo il 20% dei cittadini deteneva l'80% degli appezzamenti. Incuriosito da questo rapporto 80/20, si è messo a osservare con più attenzione altri aspetti dell'economia e della società, così come hanno fatto molti altri dopo di lui, affascinati dalla sua intuizione, e ha infine stabilito che, nella maggior parte dei casi, il 20% delle cause provoca l'80% dei risultati. Ci sono ovviamente delle oscillazioni in queste percentuali, ed è anche difficile immaginare che le cose si verifichino sempre in questo modo, ma la tendenza generale segue questo rapporto.

Qualche esempio? Il 20% degli impiegati di un ufficio svolge l'80% del lavoro; l'80% delle volte che andate in un supermercato comprate il 20% dei prodotti a disposizione; il 20% dei calciatori segna l'80%

[3] Per chi volesse saperne di più, c'è un libro dell'autore e investitore Richard Koch intitolato *80/20 La formula vincente* (Anteprima, 2014).

dei gol e così via. Perché è così interessante conoscere il Principio di Pareto? Perché se riuscissimo ad avere consapevolezza del nostro 20% (ovvero di quello che ci fa fare l'80% delle cose) potremmo forse ridurre gli sprechi di energie e la perdita di tempo. Sì, perché secondo questa regola è anche vero che svolgiamo l'80% dei nostri compiti nel 20% del tempo a essi dedicato. Quindi, ad esempio, se abbiamo un mese a disposizione per portare a termine un lavoro, ci basteranno sei giorni per farne l'80%, mentre ne useremo ben ventiquattro per completarlo.

Perché succede questo? Cosa facciamo in quei ventiquattro giorni che sembrano sfuggirci dalle mani senza che ce ne accorgiamo? Per tentare di rispondere a questa domanda, farei intervenire il secondo pensiero che vi annunciavo: è la Legge di Parkinson[4]. Cyril Northcote Parkinson (1909-1998) era uno storico e autore inglese che, dopo aver osservato i meccanismi lavorativi in varie organizzazioni, ha così efficacemente riassunto il risultato delle sue analisi: «Il lavoro si espande fino a occupare tutto il tempo disponibile; più è il tempo e più il lavoro sembra importante e impegnativo». E ancora: «L'uomo più occupato è quello che ha più tempo da perdere». In altre parole: più abbiamo tempo a disposizione, più lo sprechiamo; meno ne abbiamo, più siamo efficienti.

[4] Qui il libro di riferimento è appunto *La legge di Parkinson* di Cyril Northcote Parkinson (Monti & Ambrosini, 2011), uscito nel 1958 in Gran Bretagna e subito diventato un bestseller internazionale.

A questo proposito io uso spesso una tecnica, utile a chi non riesce a prendere una decisione importante, che ho chiamato *Ultimatum* e che consiste proprio nel rimandare la decisione all'ultimo minuto. Mettiamo che abbiate saputo che, da qui a un paio di mesi, avrà luogo un'attività a cui vorreste partecipare, ma ancora non siete in grado di decidere se farla o meno. Potrebbe trattarsi di dare un esame universitario, per gli studenti, o provare un concorso pubblico, o partecipare a una gita... qualunque cosa. In base a questa strategia, l'ideale è rinunciare a rispondere nell'arco dei due mesi (ricordate la tecnica *Acqua in bocca* di p. 116? È inutile tentare di dare una risposta, se non la si conosce!) e posticipare la decisione a qualche giorno – o anche solo qualche ora – dal momento dell'azione, per esempio dall'appello dell'esame. A quel punto, con pochissimo tempo a disposizione, sarà più facile capire se si propende per il sì o per il no.

Questo accade perché, in un certo tipo di situazioni, avere molto tempo non è un vantaggio ma un ostacolo[5]. Disporre di più ore o settimane può contribuire ad alimentare il problema (l'indecisione, in questo caso) anziché risolverlo. Le domande a cui rispondete prima del necessario generano altre domande, e il rischio è che alla fine vi troviate avviluppati in una

[5] Paul Watzlawick sostiene che «in alcune circostanze i problemi possono essere visti come il tentativo mal diretto di trattare una difficoltà». Questa tecnica è spiegata anche nel libro di Andrea Fiorenza *Comunicazione e cambiamento. Pragmatica e problem solving strategico* (Editrice Emilia Romagna, 1998).

rete nella quale è impossibile muoversi, in un verso o nell'altro. A ridosso della scadenza, invece, scegliere diventa obbligatorio, e quindi anche molto più facile.

Capita anche a voi di comportarvi in questo modo? Di lasciare passare mesi interi senza dedicarvi a un'incombenza che vi spetta per poi risolverla al volo nel giro di una settimana? Oppure di arrovellarvi per settimane su una decisione senza venirne a capo, salvo poi prenderla al volo negli ultimi cinque minuti disponibili? Sono cose che si verificano solo sul lavoro o anche nella vita di tutti i giorni? Anche in questo caso, avere consapevolezza del proprio comportamento non è risolutivo, ma è un primo passo verso un tentativo di cambiamento in ambito personale e professionale.

Tempi e prospettive secondo Philip Zimbardo

In tempi recenti, un importante studio sul tema del tempo è stato fatto da Philip Zimbardo[6], uno dei più grandi psicologi contemporanei, di cui parleremo ancora in questo volume. Zimbardo suggerisce come l'orientamento temporale di ognuno di noi, spesso manifestato in maniera del tutto spontanea e inconscia, influenzi moltissimo non solo la nostra vita, ma anche

[6] Imperdibile il libro di Zimbardo e John Boyd intitolato *Il paradosso del tempo* (Mondadori, 2009), che tratta in maniera molto chiara ed esaustiva le riflessioni che vi propongo in queste pagine.

le sorti del mondo. Forse vi ricorderete che, nel capitolo dedicato all'attenzione, ho ipotizzato una distinzione di massima fra chi vive sempre con lo sguardo rivolto al passato e chi invece è costantemente proiettato sul futuro (*vedi p. 70*).

Posti davanti alla stessa scelta, per esempio fare o non fare una determinata cosa (comprare un'auto nuova, trasferirsi, sposarsi e così via), persone con un diverso orientamento temporale reagiranno in maniera diversa. Per esempio, se *l'uomo delle caverne* ha dovuto rottamare l'auto precedente dopo un incidente, difficilmente ne comprerà una nuova. Chi vive nel presente, davanti a un'allettante offerta di trasferimento, l'accetterà al volo, senza preoccuparsi delle conseguenze. L'*esploratore spaziale* sceglierà di convolare a giuste nozze non tanto per ragioni sentimentali, quanto perché pensa che in futuro non vorrà stare solo e avrà bisogno di qualcuno al suo fianco. Come vi dicevo, queste sono solo semplici schematizzazioni, tuttavia molto efficaci per capirsi più a fondo e scoprire l'origine di molti propri atteggiamenti – il che, come sempre, è il primo passo per provare a modificarli.

Philip Zimbardo si spinge oltre e ipotizza sei categorie umane, in rapporto all'interpretazione personale con lo scorrere del tempo:

1) Individui orientati al passato e focalizzati sugli eventi positivi.
2) Orientati al passato e focalizzati sugli eventi negativi.

3) Orientati al presente e edonisti (quindi concentrati su piaceri e gioie dell'immediato).
4) Orientati al presente e fatalisti (ossia convinti che ciò che accade nella nostra vita non dipenda da noi stessi ma dagli altri, o da qualche entità superiore).
5) Orientati al futuro e decisi a darsi degli obiettivi da realizzare.
6) Orientati al futuro con un approccio trascendentale (certi che la vita inizi dopo la morte terrena).

A suo dire, la cosa migliore da fare sarebbe sviluppare quella flessibilità mentale che ci permetta di modificare il nostro orientamento temporale in base alla situazione, privilegiando una prospettiva a seconda dei requisiti dell'evento con cui dobbiamo confrontarci e allontanando momentaneamente le altre.

Zimbardo stila anche una sorta di profilo ideale, in cui confluiscono in parte alcune delle inclinazioni sopra elencate. Secondo lui, il mix migliore comprende un'alta dose di orientamento al passato in positivo, per prendere coscienza ed energia dalle proprie radici e quindi crearsi delle basi di identità personale solide; una dose medio-alta di orientamento al futuro con i relativi obiettivi, per avere le ali con cui spiccare il volo alla ricerca di nuove sfide e mete da raggiungere; una moderata propensione a godersi i piaceri del presente, da cui nasce l'energia necessaria a esplorare se stessi, gli altri e il mondo.

Ogni esagerazione o deviazione rispetto a queste linee guida porta conseguenze negative. Per esempio, spiega Zimbardo, coloro che sono troppo orientati al futuro e puntano al successo, finiranno per sacrificare le piccole e grandi gioie quotidiane, magari il sonno (come faceva Elon Musk...), trascurano gli amici, i familiari e la loro stessa salute, rischiando di incorrere in problemi fisici decisamente poco simpatici se non addirittura gravi. Il segreto insomma, come sempre, sta nell'equilibrio: è bilanciando le diverse pulsioni temporali che si ottengono i risultati migliori, non solo in termini di produttività, ma anche di serenità.

Perché è così importante tentare di trovare l'approccio ottimale al tempo? C'è un esperimento di Walter Mischel (1930-2018) che lo spiega in maniera molto chiara. Negli anni Sessanta e Settanta Mischel, psicologo austriaco trasferitosi in America, ha fatto presso la Stanford University della California un curioso test, mettendo alcuni bambini davanti a un piatto con un marshmallow[7]. A loro sostanzialmente diceva: «Puoi mangiare il marshmallow subito, se vuoi. Ma se aspetti che io ritorni, fra una quindicina di minuti, invece che uno solo ne avrai due» e poi li lasciava soli in una stanza. I due terzi dei bambini hanno mangiato la caramella immediatamente; solo un terzo non ha ceduto e ha aspettato per avere una doppia ricompensa. Quel che è sorprendente è che, quattordici anni più tardi, Mischel ha ricontattato i giovani protago-

[7] Esiste un libro di Mischel a questo proposito, purtroppo solo in inglese, chiamato *The Marshmallow Test. Mastering Self-Control* (Little Brown & Co, 2014).

nisti del test e li ha esaminati nuovamente, scoprendo così che i bambini che avevano resistito alla tentazione avevano voti migliori e un quoziente intellettivo molto più alto degli altri, nonché una minore propensione a mettersi nei guai e idee più chiare in merito al loro futuro. Questo perché la loro prospettiva temporale, fin dall'infanzia, era già più proiettata verso il domani che verso l'oggi.

Questo è un esempio piccolo, e apparentemente ininfluente. Provate però a valutare per un momento un caso molto più estremo: un terrorista si trasformerebbe in kamikaze se non avesse una prospettiva distorta del futuro, in base alla quale il suo gesto è essenziale per ottenere il paradiso dopo la morte e per cambiare radicalmente il mondo? Si farebbe esplodere in mezzo a una piazza piena di gente se avesse un rapporto forte e ben radicato con la propria identità personale, o se avesse un approccio positivo al presente? Mi rendo conto che sia una domanda tremendamente complicata, a cui forse dare una risposta è impossibile (per lo meno, non nei termini veloci e leggeri con cui qui ho abbozzato la questione). Mi preme solo sottolineare come un orientamento temporale completamente deviato rispetto al profilo ideale, in condizioni sociali, politiche ed economiche molto gravi, possa scatenare conseguenze tragiche non solo per l'individuo in sé, ma anche per il mondo intero.

Stare bene con se stessi, a mio avviso, è il modo migliore per far stare bene anche gli altri. Per questo, tornando su argomenti più personali e quotidiani, vorrei che vi chiedeste quando e come le vostre prospettive temporali hanno condizionato in maniera spiacevole le vostre giornate. Per esempio, vi è mai capitato di perdere il sonno o l'appetito perché i ricordi del passato o l'ansia per il futuro vi tormentavano? Oppure di non riuscire a valutare quando fermarvi e smettere di bere durante una cena (o di fare sport anche se eravate stanchi, o di fare shopping anche se non ve lo potevate permettere...), pagandone amaramente le conseguenze il giorno dopo? O di perdere delle occasioni meravigliose, che ancora rimpiangete, per non aver saputo coglierle al volo? O, al contrario, di aver accettato semplicemente quello che vi capitava davanti agli occhi, senza provare a sforzarvi per ottenere qualcosa di più?

Sottovalutare il modo in cui vi ponete nei confronti del tempo può essere davvero pericoloso, oltre che ingiusto verso voi stessi. In linea di massima, in base alla mia esperienza in studio, posso dire che la maggior parte delle persone tende a essere molto sbilanciata verso il presente o verso il futuro, spesso in negativo in entrambi i casi. Ok, so cosa state pensando: se non fosse così, non verrebbero da me. E questo è vero, ma vi garantisco che questo squilibrio è osservabile in tutti, sempre. Non serve essere uno psicologo per accorgersi che spesso facciamo una grande fatica soprattutto a maneggiare il nostro presente. Ed è per questo che vorrei parlarne un po' più approfonditamente, facendo di nuovo ricorso alla Gestalt.

Qui e ora

Come vi dicevo all'inizio del libro (*vedi p. 27*) la Gestalt nasce come teoria. Da questa corrente prendono il via due rami: la psicologia della Gestalt, di cui si è occupato prevalentemente il già citato Kurt Koffka, e la terapia della Gestalt, fondata nel 1951 da Fritz Perls[8]. Perls, fra l'altro, è anche l'autore della *Preghiera della Gestalt*, una poesia che condivido con grande piacere e che recita: «Io sono io. Tu sei tu. / Io non sono al mondo per soddisfare le tue aspettative. / Tu non sei al mondo per soddisfare le mie aspettative. / Io faccio la mia cosa. Tu fai la tua cosa. / Se ci incontreremo sarà bellissimo: / altrimenti non ci sarà stato niente da fare». Il suo approccio, ispirato non solo da principi psicologici, ma anche dal pensiero di alcune filosofie orientali, fra cui il Buddhismo, si fonda su una serie di concetti, il primo e più importante dei quali si identifica con le parole "qui e ora".

Questo significa mettere al centro della questione il momento presente (mentre lo si vive: perché appena se ne parla in realtà è già passato...), poiché è l'unica realtà concreta su cui si possa fare affidamento. Ciò che è stato non c'è più; ciò che verrà, non c'è ancora. Per questo è così importante concentrarsi sul qui e

[8] Fra i libri di Fritz Perls, consiglierei *La terapia della Gestalt. Vitalità e accrescimento nella personalità umana* (Astrolabio, 1997, scritto con Ralph F. Hefferline e Paul Goodman) e la sua autobiografia che si intitola *Qui e ora. Psicoterapia autobiografica* (Sovera, 2011).

I GRANDI ESPLORATORI

FRITZ PERLS

Nato a Berlino da una famiglia ebraica, Perls (1883-1970; il nome di battesimo in realtà è Frederick, anche se tutti lo conoscono con il suo pseudonimo Fritz) studiò medicina e si specializzò in psicologia, iniziando subito a esercitare. L'avvento del nazismo lo costrinse a lasciare la Germania. Si trasferì prima a Johannesburg, dove nel 1935 fondò l'Istituto Sudafricano di Psicanalisi, e poi, alla fine degli anni Quaranta, negli Stati Uniti. Qui, insieme alla moglie, la psicologa Laura Posner, e ad alcuni collaboratori, fondò la terapia della Gestalt. Visse in California negli anni Sessanta e Settanta, conducendo i suoi studi in un ambiente in grande fermento sociale e artistico e avvicinandosi con passione al mondo della musica e del teatro. Ai suoi seminari, che teneva all'Esalen Institute (un centro di sperimentazione culturale e di "educazione umanistica alternativa" in cui si insegnano e praticano ancora oggi anche yoga, massaggi, discipline spirituali, meditazione e così via), parteciparono fra gli altri Claudio Naranjo (psicologo cileno, attualmente il maggiore esperto di questo approccio psicologico), Gregory Bateson e Alexander Lowen. L'Esalen Insistute è a Big Sur, una di quelle località che non posso più nominare senza sentire una fitta di nostalgia: anch'io sono stato da quelle parti qualche anno fa, quando sono andato a San Francisco con Fabio Leonardi per presentare le tecniche che abbiamo ideato.

È stato un viaggio memorabile: finalmente ho fatto surf sulle onde californiane, fra famiglie in festa e leoni marini; un bel viaggio in macchina *on the road* (con il rischio di rimanere a piedi di continuo, perché da quelle parti sembrano non sentire il bisogno dei distributori di benzina...) in cui mi sono innamorato di Santa Cruz, che per me è la Cecina della California; e una sorta di pellegrinaggio all'MRI di Palo Alto, dove ci invitò la direttrice Karin Schlanger, per farci assistere ad alcune sedute e commentarle insieme.
Comunque, nel 1969 Perls lasciò la California per trasferirsi in Canada, dove aprì un nuovo centro. Era famosissimo a quell'epoca: i suoi libri vennero tradotti in varie lingue e c'era chi non esitava ad attraversare l'oceano per seguire le sue conferenze. Ma poi l'anno successivo, a ottantasette anni, morì a Chicago per un problema cardiaco.

ora, ossia sul nostro essere attivi nel tempo e nel luogo in cui ci troviamo.

È un concetto molto forte, che inizialmente provoca una certa insicurezza: è come trovarsi improvvisamente in balia dei flutti, senza poter più contare sugli appigli costituiti dalle memorie del passato e dalle proiezioni sul futuro. L'approccio di Perls punta quindi a insegnare alle persone a navigare, a usare i propri mezzi per capire dove sono e dove vogliono andare, senza bisogno di ricorrere a zavorre che di certo garantiscono una maggiore stabilità, ma anche l'impossibilità di cambiare e raggiungere le proprie mete.

Il problema di concentrarsi troppo su passato e futuro è che così facendo si ripetono sempre gli stessi schemi, nella convinzione di poter tenere sempre tutto sotto controllo grazie alle certezze che provengono dalle nostre esperienze e alle convinzioni che abbiamo su ciò che verrà. Se per esempio siete abituati a insistere davanti a un rifiuto, e questa cosa vi ha sempre portato dei buoni risultati, continuerete istintivamente a farlo, anche quando il vostro atteggiamento non farà altro che peggiorare la situazione. Se siete abituati a fuggire davanti ai problemi, perché questo vi permette di non soffrire, metterete sempre in atto questo escamotage, anche quando la soluzione migliore sarebbe fermarsi e tentare di risolvere quello che non va.

Le certezze rassicurano, e forse in alcuni casi ci tengono davvero al riparo dal dolore. La ricerca della felicità, invece, comporta dei rischi e richiede spirito di avventura. Ognuno sceglie come comportarsi, ma è un dato di fatto che la fuga dal presente e la smania di chiudersi dentro categorie già note sia fonte di frustrazione e insoddisfazione.

Si tratta quindi di mettere da parte l'angoscia dell'incerto, la sfiducia nelle proprie capacità, la paura di soffrire, per sperimentare un senso di maggiore presenza e attenzione nella propria vita, in modo da trovare i metodi più efficaci sia per raggiungere i propri obiettivi, sia per reagire alle difficoltà. Questa, secondo Perls, non deve essere solo un'indicazione di massima, ma una pratica quotidiana; infatti ha ideato diverse tecniche che consentono ai pazienti di prendere contatto con il qui e ora. La più famosa è detta *Continuum di consapevolezza* e consiste nel focalizzare l'attenzione sul momento presente, raccontandolo in tutte le sue sfaccettature. Se voleste cimentarvi, cosa che naturalmente vi consiglio, potete procedere così (*vedi Workbook, p. 262*):

- dite ad alta voce dove vi trovate, cosa state facendo in questo momento, come vi sentite fisicamente (se avete una lieve indolenzitura alle gambe, un dolorino alla schiena, un prurito al gomito… vale tutto). Prendete consapevolezza delle varie parti del vostro corpo e raccontatele. Dovete essere molto, molto specifici. Dire «sono a casa sul divano» non è utile ai fini di questo esercizio; molto più funzionale sarebbe esprimersi così: «sono a casa, seduto sul divano con le gambe incrociate, i cuscini sono un po' troppo sottili e sotto la coscia sinistra sento una molla. Indosso un paio di pantaloni che però mi stanno un po' stretti, infatti le cuciture sfregano fastidiosamente sui miei fianchi. Ho un leggero raffreddore che mi impedisce di respirare perfettamente. La pelle sotto il naso è arrossata e brucia, soprattutto ora che l'ho spalmata di crema. Sento il collo indolenzito…» e così via. Più dettagli ci sono, meglio è;
- subito dopo, spiegate cosa vedete se vi guardate attorno, quali odori percepite, quali gusti provate se state mangiando, cosa sentono le vostre mani

se le appoggiate su qualche superficie intorno a voi, che rumori sentite... Cercate di essere dettagliati e di tirar fuori tutto ciò che i vostri sensi riescono a percepire;
- dite ora come vi sentite a livello emotivo: che sentimenti provate, quali emozioni si agitano in voi, qual è il vostro stato d'animo attuale. Anche in questo caso, siate specifici: «sto male» non è sufficiente, dovreste esprimere anche in cosa consiste il vostro malessere e in che forma si manifesta;
- raccontate tutto quello che, nel momento presente, vi passa per la testa: ricordi, pensieri, immagini. Qualsiasi cosa, anche quelle che vi sembrano stupide: fatele uscire dalla vostra bocca sotto forma di parole e ascoltatevi mentre le pronunciate.

L'esercizio dovrebbe essere svolto ogni giorno per circa quindici minuti e ogni vostra frase, come un mantra, dovrebbe essere introdotta dalle parole: «Io qui e ora sono consapevole che...». Potrebbe sembrarvi una strategia meccanica, forse anche banale, ma vi garantisco che vi aiuterà moltissimo a scoprire modi di osservazione di voi stessi e della realtà in cui vivete a cui non avevate mai pensato prima. Questo amplificherà la vostra capacità percettiva e vi darà molte più informazioni per orientarvi nel vostro presente, senza più dover ricorrere ai vincoli di passato e futuro.

La centralità del presente, del qui e ora, non è importante solo nell'approccio della Gestalt di Fritz Perls, ma naturalmente anche in quello strategico che io seguo. A questo proposito, c'è un racconto molto interessante riportato da Gregory Bateson in *Mente e natura*, che vede per protagonisti due diavoletti. Il più giovane chiede all'anziano: «Come faccio a convincere gli umani a perdere la serenità e affidarmi la loro anima?». L'altro risponde: «Fai in modo che pensino sempre al passato, agli errori, al tempo perduto, così saranno talmente tristi da non poter rinunciare alla tua offerta. Oppure inducili a concentrarsi sul futuro, così che cedano sotto il peso dell'ansia e delle preoccupazioni. L'importante è che non li lasci pensare al presente: se lo facessero, si accorgerebbero che possono benissimo raggiungere la felicità da soli, e nessuno accetterebbe mai più di lasciarti la sua anima». È chiaro quello che voglio dire, no?

Spiegate le vele!

Come dicevo all'inizio del capitolo, il tema del tempo è infinito e sarebbe impossibile non dico esaurirlo, ma anche solo trattarlo approfonditamente in questa sede. Spero però che gli stimoli che ho lanciato vi servano ad avere una maggiore consapevolezza sul vostro rapporto con lo scorrere dei giorni: magari vi aiuteranno a correggere qualche atteggiamento eccessivo, oppure semplicemente vi faranno riflettere, e questo vale già molto a mio avviso. Inoltre, questa piccola pausa fra **Strategie** e **Risoluzioni** potrebbe avervi indotto a capire a che punto del vostro percorso vi trovate e a segnare mentalmente i progressi che avete già ottenuto. Un po' come i marinai, che si tatuano una rondine ogni 5000 miglia percorse: un piccolo segno sulla pelle che testimonia quel che hanno già vissuto, ma lascia spazio a ciò che ancora vivranno.

C'è un altro piccolo insegnamento da prendere a prestito dalla vita di mare. Qualunque navigante sa benissimo che, durante una traversata oceanica, prima o poi una tempesta la trova. A nessuno capita di viaggiare per centinaia di chilometri su un mare piatto, da cartolina: il vento, le correnti, la forza delle onde a un certo punto prendono di sicuro il sopravvento. E questo, se non vi è già successo, di sicuro capiterà anche nel vostro percorso: la tempesta a un certo punto arriva. Ma c'è una bella notizia: non è detto che sia un male. Anzi, credetemi quando dico che in alcuni casi è una vera e propria benedizione, e nelle prossime pagine vi spiegherò il perché. E ora basta con le chiacchiere: si torna a solcare il mare aperto!

Mappa del capitolo

- Il momento dello sblocco è paragonabile a quello in cui, durante una corsa, si spezza il fiato: il malessere non è sparito, ma i meccanismi che erano inceppati hanno ripreso a funzionare e il cambiamento è stato innescato.
- Non bisogna sottovalutare i propri miglioramenti concreti e misurabili, anche se piccoli: rappresentano comunque un importante passo in avanti.
- La scienza propone oggi modelli di indagine della realtà in cui non si considera più il tempo in quanto scorrere degli eventi, ma come relazione fra le cose che accadono.
- Crearsi un clock radiofonico con le attività da svolgere durante la giornata è un ottimo stratagemma per aumentare la produttività e ridurre gli sprechi di tempo ed energie.
- Il Principio di Pareto sostiene che è solo il 20% delle cause a creare l'80% degli effetti.
- Secondo la Legge di Parkinson, più tempo abbiamo a disposizione e più lo sprechiamo.
- Philip Zimbardo asserisce che l'orientamento temporale di una persona influenzi le sue scelte, e quindi anche il livello di soddisfazione personale che questa può raggiungere.
- Fritz Perls è un grande sostenitore della necessità di riappropriarsi del "qui e ora", per vivere in maniera piena e attiva il proprio presente.

"R" COME RISOLUZIONI

Ora che è passato il **Tempo** necessario, possiamo occuparci delle **Risoluzioni**. Le tecniche che passeremo in rassegna in questo capitolo sono piuttosto diverse dalle **Strategie** viste in precedenza: là la chiave era nel paradosso, nel principio della prescrizione del sintomo; qui invece ci avviciniamo alla psicologia positiva, agli esercizi di ambito motivazionale, a logiche più lineari che prospettano delle esposizioni graduali verso la soluzione del problema.

In questa fase del percorso andremo a consolidare tutto ciò che abbiamo compreso e sbloccato nella parte precedente. Sarà anche un modo per testare i progressi fatti, un passaggio fondamentale nel percorso di crescita e cambiamento. Immaginate di essere dei marinai che hanno appena finito di riparare la propria barca. Ora il vostro natante è in porto, ben ormeggiato al molo da una grossa fune, e si limita a ondeggiare dolcemente sul mare calmo. Visto così sembra tutto perfetto, certo. Ma, come scrive l'autore inglese John A. Shedd, «una nave in un porto è al sicuro ma le navi non sono fatte per questo». Per sapere se i vostri interventi sono andati a buon fine non c'è che un modo, il più estremo: prendere la barca e buttarla in mare, affrontare una traversata impegnativa e, nella migliore delle ipotesi, venire travolti da una tempesta. A questo punto potreste agitarvi e iperreagire, rischiando di fare un danno ancora più grande; oppure manovrare il timone e cavarvela egregiamente; o ancora stare fermi e aspettare che tutto passi. Qualunque sia il vostro approccio alla difficoltà, la realtà dei fatti non cambia: scoprirete se la vostra barca regge solo dopo averla messa alla prova. Che venga la tempesta, dunque: se va tutto bene, vuol dire che la riparazione è andata a buon fine; altrimenti sarà evidente che c'è ancora del lavoro da fare – e lo si farà. È sempre meglio saperlo che fare finta di niente, non credete?

Oltre a rinsaldare i passi avanti già fatti, in questo capitolo vi esporrò anche alcune tecniche mirate a risolvere dei blocchi di piccola entità, oppure che possono aiutarvi a realizzare alcuni vostri desideri innescando una trasformazione prima di tutto in voi stessi. Per esempio, potreste voler imparare a parlare in pubblico senza tentennamenti e senza arrossire; oppure far sentire di più la vostra voce in ambito familiare; o ancora essere più concentrati nello studio o sul lavoro; migliorare una performance sportiva; riuscire a guidare anche se avete la patente da anni ma l'idea di mettervi in macchina vi terrorizza; imparare qualcosa di nuovo partendo da zero; essere più aperti al prossimo e fare nuove amicizie... e via dicendo.

Come al solito, non c'è alcuna bacchetta magica e io di certo non sono la fata di Cenerentola: vi guiderò, ma sarete voi a lavorare su voi stessi per ottenere ciò che vi sta a cuore. Con un'importante premessa, che ho già fatto altrove ma ci tengo a ribadire: le strategie di questo capitolo sono ideali per combattere malesseri di lieve entità o darvi delle armi in più per farvi valere nella vita di tutti i giorni. Se il vostro blocco incide in maniera pesante sulla vostra quotidianità (ossia, tornando alla nostra schematizzazione, se da 0 a 10 state male più di 3-4), tornate al capitolo delle **Strategie**... oppure, in casi più complessi, affidatevi a uno psicoterapeuta in carne e ossa. Io qui vi darò molti spunti e suggerimenti che considero fondamentali e anche molto efficaci, e sono certo che vi aiuteranno a ottenere qualche risultato importante. Ma queste pagine non possono certo sostituire un percorso di terapia vero e proprio. Sta a voi capire fino a che punto il vostro problema sia risolvibile in questo contesto e quando, invece, sia necessario andare oltre.

Pronti a salpare di nuovo? Rimboccatevi le maniche: a bordo di una nave c'è sempre da lavorare!

Fare, non pensare

Ancora una volta, nelle tecniche che seguono la cosa più importante è l'azione. Per tutto il percorso di crescita è fondamentale che ci sia una continua applicazione degli esercizi, non in modo mnemonico e passivo, "perché vanno fatti", ma attivamente e con convinzione. Molte persone sono convinte che la giusta inclinazione d'animo sia sufficiente a smuovere montagne. «Devi essere motivato» vi diranno, oppure «se vuoi, puoi». Dimenticate queste indicazioni all'istante: la volontà è necessaria, ma non sufficiente. Perché le cose cambino davvero, non c'è altra soluzione: bisogna fare.

Come dice Luca Mazzucchelli[1], un caro amico oltre che un bravissimo collega, la motivazione è un costrutto debole: sono le abitudini a fare la differenza. È ciò che facciamo che determina ciò che siamo, non bisognerebbe dimenticarsene. Dobbiamo ridare potere alle azioni e alla loro ripetizione, in modo che dentro di noi si producano degli apprendimenti sufficientemente stabili per cambiare davvero.

[1] *Fattore 1%. Piccole abitudini per grandi risultati* (Giunti, 2019) è un libro di Luca che vi consiglio caldamente. Luca sostiene che ciò che siamo deriva dalle abitudini che da sempre portiamo avanti, perché la nostra esistenza si basa su una lunga serie di automatismi che regolano le nostre giornate. Per cambiare e diventare ciò che davvero vogliamo essere, bisogna agire su queste abitudini e trasformarle poco per volta (come suggerisce il titolo, un 1% al giorno basta), fino a innescare una svolta virtuosa e consolidata nei nostri atteggiamenti.

Vi faccio un piccolo esempio. Ammettiamo che, spinti dal desiderio di dimagrire, siate stati da un nutrizionista, che vi ha consigliato di seguire un piano alimentare. Voi l'avete fatto ed effettivamente nel corso di alcuni mesi i risultati si sono visti: avete perso qualche chilo, fate sport, la vostra alimentazione è più sana e finalmente vi sentite meglio con voi stessi e con gli altri. Benissimo. Se però, appena finito il periodo di cura con il nutrizionista, dimenticate tutti i suoi precetti e soprattutto le buone abitudini che stavate portando avanti, è normale che nell'arco di pochi mesi torniate esattamente alla situazione di partenza e per di più vi sentiate frustrati perché percepite la vostra esperienza come un fallimento. Se invece usate un approccio diverso, continuando ad applicarvi fino a creare degli automatismi nel vostro comportamento, non potrete più tornare indietro.

Come sa benissimo chiunque ci abbia provato, per perdere peso la sola volontà non conta. Io posso anche dire cento volte al giorno: «Voglio essere più magro», ma se non regolo il mio modo di mangiare difficilmente questo accadrà. La motivazione poi ha il brutto vizio di subire delle continue oscillazioni: certi giorni è alle stelle, mentre in altri momenti "sì, voglio dimagrire, ma volete mettere quanto è buona la pizza?!".

Poi per carità, la pizza è effettivamente buonissima e sono l'ultimo a potervi dire che dovete rinunciarvi (infatti faccio lo psicologo e non il dietologo), ma penso che sia chiaro il concetto che voglio esprimere: affidarsi solo alla propria volontà è rischioso, quando non fallimentare. Per cambiare davvero, e in maniera sana e consolidata, bisogna lavorare su abitudini e costanza. È molto più faticoso, certo, ma funziona. Per citare Heinz von Foerster (scienziato e filosofo austriaco attivo nel campo della cibernetica e del costruttivismo radicale): «Se desideri vedere, impara ad agire».

Come se: ingannarsi per cambiare

Forse a questo punto starete pensando: "Ok Gerry, me l'hai detto cento volte che devo fare, fare, fare. Devo agire, è chiaro: ma come?". Come se. Non è un errore di battitura, ma la mia risposta: dovete agire "come se". Come se il problema che vi assilla fosse improvvisamente scomparso (e su questo concetto, come vedremo più avanti, lo psicologo Steve de Shazer ha costruito la sua tecnica più famosa e interessante, molto usata in ambito strategico e motivazionale); come se effettivamente foste in grado di fare tutte quelle cose che invece, a vostro avviso, in questo momento vi sono precluse; come se la realtà con cui avete a che fare non fosse come la vedete ora, ma diversa e più favorevole alle vostre istanze.

Questo approccio nasce nel 1911 grazie al filosofo tedesco Hans Vaihinger[2] (1852-1933), il quale per

[2] Vaihinger ha anche pubblicato un libro molto importante intitolato *La filosofia del come se. Sistema delle finzioni scientifiche, etico-pratiche e religiose del genere umano* (Ubaldini, 1967), oggi pressoché introvabile, ma se vi capitasse di scovarlo in qualche mercatino o biblioteca vi consiglio di non farvelo scappare.

la prima volta ipotizza che la realtà non sia un'entità unica, granitica e rivelata alla quale è necessario adeguarsi (nella psicologia tradizionale, si usa come criterio di definizione della malattia mentale l'incapacità di adattarsi alla realtà), ma una finzione fra le tante: ognuno sceglie la propria versione in base a ciò che ritiene utile, ovvero a ciò che lo libera dalla sofferenza e dai problemi. Se quindi ognuno di noi riuscisse a sostituire il proprio costrutto con scenari meno dolorosi e più propizi, allora diventerebbe più semplice anche riuscire a cambiare il proprio atteggiamento. Per esempio: se non sapete dire di no, perché siete convinti di vivere in un mondo in cui ogni vostro rifiuto può generare conseguenze catastrofiche per voi stessi e per gli altri, potreste invece immaginare di trovarvi in una realtà completamente diversa, in cui i vostri no siano non solo accettati, ma anche apprezzati.

La filosofia del "come se" di Vaihinger viene ripresa nella seconda metà del Novecento da Paul Watzlawick, che la trasforma in una strategia di cambiamento molto potente. Il principio alla base di questa tecnica è far sì che il paziente si cali in uno scenario completamente diverso rispetto alla condizione attuale, e più vantaggioso. Rispetto ad altri, è un metodo di intervento lieve e poco invasivo, che può dare grandi risultati.

So benissimo cosa state pensando: vi sembra una tecnica troppo semplice per poter funzionare davvero. E anche il fatto che la premessa sia quella di autoingannarsi non vi va giù: in che modo potreste risolvere i vostri problemi mentendo a voi stessi e fingendo di trovarvi in una situazione che non esiste?

Facciamo un passo indietro. Come già vi raccontavo nel primo capitolo (*vedi p. 27*), è la realtà a non esistere: quella che vivete come tale è solo una vostra interpretazione, e con ogni probabilità è diametralmente diversa da quella di chiunque vi circondi. So che questo è un passaggio molto difficile da accettare: siamo tutti convinti che quello che viviamo in prima persona sia l'unica verità possibile. Invece non è così, e anche se questo può spaventare (è come se all'improvviso venisse a mancare la terra sotto i piedi, lo capisco bene) bisogna sforzarsi di prenderla più come un'opportunità che come un ostacolo.

C'è poi un altro aspetto da considerare: le convinzioni sono totalizzanti. Niente e nessuno è più forte delle vostre credenze: né gli psicologi, né i guru, né i farmaci. È quindi importante cercare costantemente di autoboicottarsi per mettere in discussione le proprie certezze. Quando sentite di avere in tasca la verità, pensate all'esempio del kamikaze che vi facevo nel capitolo precedente: lui è convinto che le sue credenze siano oro colato al punto da togliersi la vita per esse. Voi, spero bene!, non vi spingerete mai a tanto, ma il meccanismo, seppure estremizzato in questo caso, è lo stesso che si ripete ogni giorno anche nelle vostre vite. Se siete assolutamente certi del fatto che non sarete mai in grado di salire su un aereo perché avete paura di volare, potete spendere migliaia di euro in simulazioni e consultare me e decine di miei colleghi, ma il risultato sarà sempre lo stesso: resterete paralizzati dal vostro timore. Il cambiamento avviene quando la certezza si sgretola e offre spazio al dubbio, non prima.

Ne consegue che se una persona (a scuola, al lavoro, nella vita...) è convinta di essere tremendamente in gamba, probabilmente lo sarà davvero. Se gli insegnanti o i capiufficio ritengono che un individuo sia migliore di altri, questi lo diventerà. Lo dimostra anche uno studio molto bello condotto dallo psicologo tedesco Robert Rosenthal[3], a cui è stato dato il nome di "Effetto Pigmalione" (Pigmalione, nelle *Metamorfosi* di Ovidio, è uno scultore greco che si innamora di una propria statua; nella commedia omonima di George Bernard Show, è un insegnante che trasforma una ragazza molto povera e senza cultura in una perfetta madamigella dell'alta società). Rosenthal andò in una scuola elementare e sottopose i bambini di una classe a un test di intelligenza. Dopodiché ne scelse alcuni, che segnalò alle maestre come i più intelligenti, con valori ben sopra alla media.

L'anno successivo tornò nella stessa scuola e chiese se le sue predizioni fossero azzeccate o meno. Le insegnanti lo accolsero trionfalmente. «Aveva proprio ragione, sa? I bambini che ci ha segnalato sono diventati i migliori della classe!» E poi aggiunsero: «Ma come ha fatto a sceglierli? In cosa consisteva il suo test?».

[3] Rosenthal, insieme a Lenore Jackson, ha raccontato la sua straordinaria esperienza nel libro *Pigmalione in classe. Aspettative degli insegnanti e sviluppo intellettuale degli allievi* (FrancoAngeli, 1999).

A quel punto, Rosenthal dovette confessare la verità: non aveva scelto gli alunni migliori in base ai risultati della prova, ma a caso. Ne aveva indicati quattro o cinque senza sapere né chi fossero né come avessero risposto alle domande. Avrebbero benissimo potuto essere anche i meno predisposti allo studio, a quanto ne sapeva. Quel che è certo è che il rendimento degli alunni selezionati (ripeto: in maniera del tutto casuale) era molto migliorato, nonostante non ci fosse alcuna evidenza scientifica di un'intelligenza superiore. E questo è successo perché le maestre li hanno incentivati positivamente con il loro atteggiamento, permettendo loro di sviluppare le loro capacità e la loro autostima e quindi di ottenere risultati migliori. Il tutto grazie solo alla suggestione.

Schematizzando, ecco quello che avviene in questi casi:

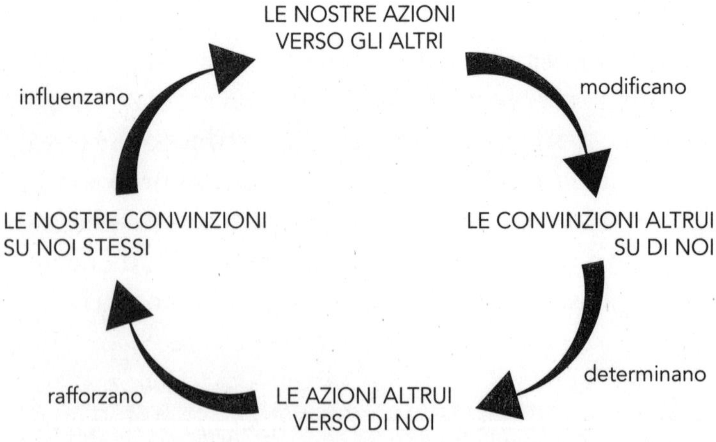

Ciò che noi pensiamo di noi stessi condiziona ciò che facciamo, il che ovviamente modifica ciò che gli altri pensano di noi e di conseguenza anche le loro azioni nei nostri confronti. Queste, a loro volta, consolidano le nostre opinioni... e così via, in un circolo che spesso è vizioso e che è nostro compito trasformare in virtuoso. Mettiamo che lavoriate in un ufficio, e che siate convinti di non avere la stoffa del leader. Di conseguenza lasciate che tutti vi mettano i piedi in testa, delegate i compiti più importanti, evitate di fare scelte rilevanti e non vi impegnate mai più del dovuto, perché credete che sia del tutto inutile farlo. I colleghi e i superiori, vedendovi agire in questo modo, si convinceranno che il lavoro non vi interessi, o che magari non lo sappiate fare. Via via, vi relegheranno in un ruolo sempre più marginale, affidandovi compiti banali e poco significativi ed evitando di coinvolgervi nei processi decisionali. E questo non farà altro che rafforzare la vostra convinzione iniziale: non avete la stoffa del leader e non potrete mai farvi strada in ufficio.

È evidente che non possiate agire direttamente su convinzioni e azioni altrui, e anche che sovvertire le vostre stesse credenze non sia un'operazione semplice e immediata. Quello che potete fare, e a partire da subito, è modificare le vostre azioni come se (!) la realtà fosse completamente diversa da come vi appare. Quindi, seguendo l'esempio appena accennato, in ufficio potreste iniziare a candidarvi per qualche compito più importante, a dire la vostra durante le riunioni, a offrire il vostro aiuto a un collega oberato di lavoro. Questo modificherà l'opinione che gli altri hanno di voi, e quindi anche il loro atteggiamento nei vostri confronti, il che impatterà in maniera positiva sulla vostra autoconsiderazione. Non succederà, com'è ovvio, da un giorno all'altro, ma poco per volta i cambiamenti si vedranno. Le nostre scelte influenzano sempre il comportamento altrui: sta a noi decidere se essere protagonisti attivi di questo processo o se lasciare che la vita ci scivoli addosso senza neppure provare ad afferrarla.

Il grande vantaggio delle tecniche legate alla psicologia del "come se" è che non sono richiesti stravolgimenti immediati o azioni invasive: si tratta di fare un piccolo passo per volta, finché le nostre azioni virtuose saranno abbastanza consistenti da sommarsi fra loro e dar vita a cambiamenti evidenti.

Non è vero ma ci credo

Indissolubilmente legato al "come se" di Watzlawick e all'effetto Pigmalione di Rosenthal è il concetto delle profezie che si autoavverano[4], di cui probabilmente avrete già sentito parlare. Si tratta di predizioni, totalmente infondate dal punto di vista logico, che però finiscono per verificarsi per il semplice fatto che sono in

[4] Per un'analisi più approfondita su questo tema, e anche molto ben scritta e interessante, consiglio *La profezia che si autorealizza. Il potere delle aspettative di creare la realtà* (Dario Flaccovio Editore, 2018) di Davide Lo Presti.

molti a crederci. L'esempio più eclatante è quello che succede in ambito medico con il cosiddetto effetto placebo, che è stato scoperto e confermato da una infinità di test. Ad alcuni pazienti sono stati dati dei finti farmaci, consistenti in realtà in un'innocua pillola di zucchero, convincendoli però di stare assumendo delle potentissime pastiglie in grado di contrastare efficacemente la loro malattia. Il risultato? Molti sono effettivamente guariti, e questo non è certo da imputarsi allo zucchero... piuttosto, a farli stare bene è stata la loro convinzione sull'efficacia delle sedicenti medicine. Se avessero saputo fin dall'inizio che stavano assumendo delle comuni caramelle, sarebbero guariti? I test dicono di no.

È chiaro che l'effetto placebo non si verifica sempre e che non si possono curare tutte le malattie del mondo con delle pasticche allo zucchero. D'altro canto, è un fenomeno che esiste e che non va sottovalutato, perché evidenzia come le nostre credenze possano agire su di noi in maniera radicale. Dalle mie parti, ma credo un po' ovunque, sono sempre esistiti dei guaritori, a metà strada fra stregoni e sciamani, che curavano alcune malattie (tipicamente l'orzaiolo o il fuoco di Sant'Antonio) imponendo le mani sul paziente, o segnando la sua pelle con delle piccole croci. È un rimedio con un valido fondamento scientifico? Assolutamente no, eppure ci sono migliaia di testimonianze di persone guarite dopo quei rituali. Non bisogna dare troppo potere alla nostra immaginazione e, come già dicevo, in caso di malessere consiglio sempre di andare difilati dal medico, senza pensarci due volte.

Ma è innegabile che l'autosuggestione abbia un potere incredibile su ognuno di noi, di cui è importante essere coscienti per sfruttarlo al meglio.

Vi faccio un altro esempio di profezia che si autorealizza, stavolta in ambito finanziario. È il 1932 e, nell'America della Grande depressione, la Last National Bank è ancora uno dei pochi istituti di credito solidi, in grado di offrire sicurezza ai propri correntisti. Il problema è che questi non lo sanno, anzi: complice la situazione economica di quegli anni, in giro si sparge la voce che la banca navighi in cattive acque. Spaventati all'idea di perdere tutto, i correntisti affollano la filiale, prelevano tutti i loro soldi e chiudono il conto. Prima sono una dozzina a farlo, poi centinaia, infine migliaia. A quel punto sì che la Last National Bank entra in crisi: non lo era all'inizio, ma il suo crollo effettivo è dovuto all'atteggiamento di coloro che pensavano erroneamente lo fosse.

Il sociologo americano Robert Merton (1910-2003) ricorre proprio al caso della Last National Bank per riesumare un pensiero espresso almeno venti anni prima dal suo collega William Thomas (1863-1947) e passato pressoché sotto silenzio. Il cosiddetto teorema di Thomas recita: «Se gli uomini definiscono certe situazioni come reali, esse sono reali nelle loro conseguenze».

In effetti le profezie che si autoavverano non capitano solo in ambito medico o economico: se ne trovano migliaia di esempi nella vita quotidiana di ognuno di noi. Immaginate il caso di una moglie convinta che il marito la tradisca e che questo causerà la fine della loro relazione. Magari per reazione inizierà a trattarlo con più incostanza, se non addirittura male. Forse, in preda al desiderio di rivalsa, si troverà a sua volta un amante. Oppure si metterà a cercare ogni minimo indizio della presunta infedeltà del consorte: scandaglierà il suo telefono (presumibilmente con gli esiti disastrosi ipotizzati dal già citato film *Perfetti sconosciuti*), controllerà i suoi orari, ispezionerà i suoi vestiti, chiederà aiuto ad amiche e amici, forse arriverà addirittura a farlo pedinare da un investigatore. Con ogni probabilità la marea di eventi messi in atto dalla donna condurranno davvero a una rottura, e questo in maniera del tutto indipendente dal fatto che il marito sia fedifrago o meno.

Perciò, state molto attenti a ciò che per voi è la realtà. Trovate sempre delle alternative alle storie che vi raccontate, anche se vi sembrano assurde. Createvi dei bivi, delle alternative che vi evitino di sprofondare in rigidi copioni comportamentali. Le vostre convinzioni possono essere la vostra risorsa più potente, ma anche il vostro limite più grande: dipende solo dalla predisposizione che avete a metterle (e quindi anche a mettervi) in discussione.

Un caso estremo: l'esperimento carcerario di Stanford

A proposito di credenze, ruoli e "come se", ha fatto enorme clamore un esperimento condotto da Philip Zimbardo (eccolo di nuovo!) presso l'Università di

Stanford nell'estate del 1971. La sua intenzione, dichiarata, era quella di mettere «delle brave persone in una brutta situazione e vedere chi o cosa abbia la meglio». Lo psicologo voleva testare fino a che punto le circostanze e le convinzioni possano influenzare le azioni, e quindi anche l'identità, di ogni persona. Insieme ad alcuni collaboratori, trasformò gli scantinati dell'università in una sorta di carcere, con tanto di celle chiuse da sbarre, una stanzina d'isolamento per i prigionieri più indisciplinati, una piccola area comune per i pasti. Poi vagliò accuratamente una lunga lista di volontari, scartando tutti coloro che sembrassero anche solo lontanamente inclini a manifestare qualche disturbo psicologico. Scelse insomma ventiquattro studenti, tutti maschi, fra i migliori dell'ateneo: sani, intelligenti, pacati, lucidi. Con una monetina, estrasse a sorte quali fra loro avrebbero dovuto essere i prigionieri e quali le guardie: nove i primi, undici i secondi e quattro le "riserve".

L'esperimento sarebbe dovuto durare due settimane, e Zimbardo garantì a ognuno dei partecipanti la possibilità di uscirne in ogni momento, qualora ne avessero sentito il bisogno. A parte questo dettaglio la messinscena, secondo i dettami del "come se", era perfettamente realistica sotto ogni punto di vista. I detenuti indossavano un orrendo camice marroncino, nessuna biancheria intima, un berretto a coprire i capelli e una pesante catena di ferro al piede. Le guardie invece avevano la divisa d'ordinanza e degli occhiali a specchio. Ognuno di loro avrebbe "lavorato" otto ore al giorno, trascorrendo a casa il resto del tempo; i detenuti, invece, sarebbero rimasti tali ventiquattr'ore su ventiquattro. Questi ultimi, inoltre, non avevano più diritto a un vero nome: sarebbero stati chiamati con un codice numerico. Zimbardo vestiva i doppi panni di sovrintendente carcerario e, ovviamente, di osservatore.

Fin dall'inizio dell'esperimento, gli studenti-guardie iniziarono a vessare i loro colleghi carcerati. Prima si trattò soprattutto di battute, certo molto pesanti, dovute soprattutto all'assenza di biancheria intima, ma nel giro di poche ore la situazione degenerò. I carcerieri infliggevano ai detenuti ogni genere di punizioni: li chiudevano nella cella di isolamento, li obbligavano a fare centinaia di flessioni, li svegliavano nel cuore della notte senza alcun motivo, li costringevano a pulire le latrine a mani nude… in soli quattro giorni, quattro prigionieri ebbero un crollo psicologico e furono fatti uscire, immediatamente sostituiti dalle riserve. Mentre la crudeltà delle guardie aumentava, i detenuti sembravano sempre più passivi, come se fossero davvero costretti a subire quel tremendo trattamento. Ciononostante, nessuno di loro chiese di andarsene, come avrebbe benissimo potuto (e, forse, dovuto) fare: fu Zimbardo a scegliere di tirare fuori quei quattro che non ce la facevano più, loro forse sarebbero rimasti dentro. E avrebbero continuato, come fecero gli altri, a manifestare la loro insofferenza come veri carcerati: chiudendosi nelle celle e urlando insulti alle guardie, o tentando persino di evadere – accadde davvero, ma furono scoperti e duramente puniti per questo.

La cosa incredibile era che i volontari (tutti, anche le guardie), oltre a essere di indole tranquilla e non aggressiva, appartenevano per la maggior parte alla corrente hippy tanto in voga in quegli anni: erano pacifisti; odiavano la vita militare e le armi; desideravano una società senza gerarchie né prevaricazioni. Eppure, appena entrati nel carcere dei sotterranei dell'università, cambiarono drasticamente atteggiamento.

La situazione precipitava a vista d'occhio e la cosa peggiore era che Zimbardo e i suoi, incollati ai monitor ventiquattr'ore su ventiquattro, erano troppo coinvolti dall'esperimento per rendersi conto della sua pesante degenerazione.

Fu in effetti una studiosa esterna, la psicologa Christina Maslach, a rendersi conto di quanto stava succedendo. Zimbardo la invitò a dargli una mano nelle osservazioni e, quando la donna vide i carcerati legati e bendati, costretti dalle guardie a muoversi tenendosi per mano e cantando frasi oscene, nella totale indifferenza dei ricercatori che li guardavano come se fosse tutto normale, capì che si era passato il limite. Ci volle tutta la sua tenacia per convincere i colleghi, assuefatti alle dinamiche del carcere, che l'esperimento andava interrotto al più presto. Dopo molte insistenze, Zimbardo si accorse che la Maslach aveva ragione e liberò i suoi volontari – i quali lì per lì sembrarono quasi più smarriti che sollevati per la fine di quell'incubo.

Effetto Lucifero[5] è il nome che lo psicologo ha voluto dare a quanto è emerso dal suo test. In pratica i ruoli che dobbiamo interpretare, ossia le etichette che ci vengono affibbiate, finiscono per modificare profondamente la nostra natura. Se due individui, in origine del tutto simili, vengono considerati in maniera diametralmente diversa, inizieranno a comportarsi "come se" il trattamento a loro riservato fosse l'unica verità possibile. Se il primo è ritenuto un futuro manager di successo, e incentivato in quanto tale, è altamente probabile che lo diventi; se il secondo invece è trattato come un poco di buono, ed emarginato per questo, finirà verosimilmente per esserlo. Un po' come nel film *Una poltrona per due*, ve lo ricordate? Due miliardari, per una scommessa, mandano in rovina il loro braccio destro (Dan Aykroyd), trasformandolo in un reietto; al tempo stesso, scelgono un mendicante qualunque (Eddie Murphy) e lo trasformano in un ricco broker. Si tratta di una commedia brillante, ma la vicenda a ben pensarci non è poi così campata in aria, come dimostra l'esperimento di Zimbardo...

[5] *Effetto Lucifero: cattivi si diventa?* (Raffaello Cortina Editore, 2008) è anche il titolo del libro scritto da Zimbardo per raccontare il suo esperimento e le scoperte che ne sono conseguite. Sull'esperimento carcerario di Stanford sono usciti anche diversi film: il tedesco *The Experiment – Cercasi cavie umane* (2001), il suo remake hollywoodiano *The Experiment* (2010) e più recentemente *Effetto Lucifero* (2015). Inoltre, su Internet potete facilmente trovare dei video relativi all'esperimento originale di Zimbardo. Bisogna avere un bello stomaco per guardarli, lo ammetto, ma ne vale la pena perché sono tremendamente interessanti.

Quello che voglio dire è che le aspettative, nostre e altrui, possono pesare tremendamente su ciò che diventiamo. I ruoli che interpretiamo quotidianamente, al lavoro o in famiglia, modificano il nostro modo di essere. I carcerieri di Stanford, fuori dall'orario di lavoro, erano ancora ragazzi buoni e gioviali, ma appena entravano nella cella si trasformavano in belve sadiche. Vuol dire che questa allora era la loro vera natura? No, erano entrambe vere (e chissà quante altre...), solo che ognuna di esse veniva esaltata da un particolare contesto.

Per questo credo che sia molto importante esercitarsi a sabotare con spirito teatrale i personaggi che interpretiamo nella vita di tutti i giorni, concetto che emerge in maniera splendida dai libri di Erving Goffman che vi ho già ampiamente citato nei capitoli precedenti. Per tenere la mente aperta e non finire per diventare del tutto la maschera che indossate, provate di tanto in tanto a fare qualcosa di inaspettato e profondamente diverso dal vostro ruolo. Se in famiglia siete la persona che si occupa di gestire la casa, tenere pulito e preparare da mangiare per tutti, una sera all'improvviso uscite per i fatti vostri e lasciate che gli altri si arrangino: magari scoprirete che possono sopravvivere lo stesso e se questo da una parte vi ferirà (siamo tutti convinti di essere indispensabili...) dall'altra vi offrirà una libertà nuova e insperata. Se in ufficio siete i più schivi e silenziosi, poco avvezzi a fare conversazione, provate una volta a proporre ai colleghi un aperitivo dopo il lavoro: darete a loro la possibilità di vedervi sotto un'altra luce, e a voi stessi la chance di mostrare altre vostre doti oltre alla serietà professionale.

Una volta, quando ero ancora al TIB con Fabio Leonardi, abbiamo lavorato sulla teatralizzazione insieme a una famiglia. I due genitori erano persone estremamente semplici, come molte altre, mentre il figlio adolescente era un rapper pieno di tatuaggi, con i capelli colorati e la tendenza a esprimersi in maniera violenta e volgare. Il ragazzo aveva un disturbo piuttosto importante e questo ovviamente impattava sulla vita familiare. Io e Fabio abbiamo chiesto ai tre di invertire i ruoli e recitare delle scenette in cui, per esempio, il padre interpretava il figlio e viceversa, mentre la madre continuava a rappresentare se stessa o faceva un altro personaggio.

Noi li osservavamo dietro a un vetro unidirezionale, e devo ammettere che la scena era piuttosto grottesca: un tranquillo uomo borghese di mezza età, da un momento all'altro, si trasformava in un rapper scurrile e irrequieto, mentre il figlio era costretto ad agire come se fosse un uomo mansueto e regolare. Eppure questo li ha costretti a mettersi l'uno nei panni dell'altro, a interpretare un ruolo diverso e quindi anche a vedere le cose da un punto di vista completamente differente. Infatti, seppure un po' straniti dalla messinscena a cui li abbiamo sottoposti, hanno ammesso che la tecnica è stata altamente proficua per il loro ménage familiare.

I GRANDI ESPLORATORI

ERVING GOFFMAN

Devo dire che, per essere uno dei miei miti, Goffman (1922-1982) ha avuto una vita tutto sommato molto regolare: nato in Canada da una famiglia ebrea emigrata ad Alberta, studiò fra Toronto e Chicago. Si trasferì per un breve periodo a Unst, un'isola delle Shetland, per osservare i meccanismi della comunicazione in un ambiente chiuso e ristretto, e poi a Washington, dove analizzò e denunciò i trattamenti riservati ai pazienti di un ospedale psichiatrico (le sue ricerche contribuirono a quell'ondata che, partita dall'America, arrivò anche in Europa e portò alla chiusura dei manicomi, in Italia grazie alla legge Basaglia del 1978). Sociologo, si occupò soprattutto dei ruoli che regolano l'interazione umana. Per Goffman la vita non è altro che un'immensa rappresentazione teatrale. A ogni contesto corrisponde un palcoscenico in cui le persone, anche quando credono di essere del tutto spontanee, indossano particolari maschere che le fanno ricadere in un ruolo, e questo serve loro sia a dare una certa immagine di sé, sia a tutelarsi, ponendosi in una posizione tale da poter prevedere le mosse altrui. Il comportamento di ogni singolo individuo, insomma, è interpretabile in base a un complesso sistema di significati stratificati a seconda delle circostanze. Personalmente credo che a tutt'oggi i suoi studi sull'interazione siano fra i più brillanti con cui io mi sia confrontato: trovo spesso grandi riscontri alle sue teorie nella vita di tutti i giorni.

Provate a pensare a cosa sarebbe successo se un giorno uno dei carcerieri di Stanford si fosse presentato in prigione con un mazzo di fiori per i detenuti. Questo piccolo gesto avrebbe scardinato le dinamiche createsi all'interno degli scantinati, e forse sarebbe bastato a ingenerare una catena di eventi del tutto diversi da quelli che effettivamente si sono svolti. Quindi non sottovalutate il potere di queste piccole azioni, inconsuete e positivamente sovversive: a volte basta smuovere un sassolino per far crollare un'intera montagna.

La *Miracle question* di Steve de Shazer

Dopo questa lunga, ma a mio avviso necessaria, introduzione teorica, passiamo ora in rassegna qualche esempio di tecnica *solution oriented.* Potete considerarle come esercizi a sé stanti, oppure provarne una e poi le altre, o ancora farle dopo aver utilizzato le **Strategie** di qualche capitolo fa.

In ambito psicologico, la più felice applicazione della filosofia del "come se" è una tecnica proposta da Steve de Shazer, chiamata appunto *Miracle question*[6]. Lo psicologo la propone in questi termini: «Immaginate che una notte, mentre dormite, accada un miracolo e il problema di cui abbiamo parlato scompaia.

[6] A quanto mi risulta, l'unico libro di Steve de Shazer tradotto in italiano è *Chiavi per la soluzione in terapia breve* (Astrolabio, 1986). Non sarà semplicissimo trovarlo, ma è molto interessante.

I GRANDI ESPLORATORI

STEVE DE SHAZER

Non capirò mai perché in Italia si dia così poca considerazione a Steve de Shazer (1940-2005), a mio avviso una delle menti più geniali dell'ultimo secolo. Figlio di un ingegnere elettrico e di una cantante di opera, studiò Belle Arti e per anni si guadagnò da vivere suonando il sax. Poi si avvicinò alla psicologia breve, grazie anche alla moglie, la psicoterapeuta Insoo Kim Berg, e al suo mentore John Weakland del MRI di Palo Alto. Nel 1978 aprì il famoso Centro di terapia breve familiare di Milwaukee; scrisse vari libri, pubblicati e tradotti un po' ovunque, e affrontò diversi tour mondiali per spiegare e diffondere le proprie tecniche. Si occupò soprattutto di strategie positive orientate alla soluzione del problema, ispirate alla filosofia del "come se".

Poiché stavate dormendo non vi siete accorti di nulla; ciononostante, una volta svegli, da cosa vi accorgereste che è tutto cambiato?».

Ponetevi questa domanda e cercate di rispondere con il maggior numero di dettagli possibili (*vedi Workbook, p. 264*). Spiegate cosa fareste se il problema che vi infastidisce sparisse, come potreste vivere se ne foste liberi, in che modo se ne accorgerebbero i vostri amici e familiari. Cancellato completamente quel blocco, quali altre difficoltà potreste avere? Come mangereste, come dormireste, come vi vestireste? Come sarebbe la vostra vita familiare? E quella lavorativa? Quando e come uscireste con gli amici, fareste sport, vi dedichereste ai vostri passatempi? Createvi uno scenario pieno di sfaccettature, immaginate come potrebbe diventare la quotidianità in ogni suo aspetto.

Per esempio, se il vostro problema ha a che vedere con un'eccessiva timidezza, una volta liberati completamente da esso potreste uscire di casa e, incontrando un vicino, scambiare due battute sul tempo invece di limitarvi a un frettoloso cenno del capo come di solito. Se portate a spasso il cane, invece di starvene in disparte in un'area del parchetto, potreste attaccare bottone con gli altri padroni per raccontarvi le vostre esperienze con i rispettivi animali. Al supermercato, potreste provare a chiedere alla persona che vi precede alla cassa di farvi passare, se avete fatto una spesa piccolissima. In autobus, potreste chiacchierare con la signora anziana a cui cedete il posto. Potreste finalmente accettare l'invito a una festa di quell'amica che prova sempre a coinvolgervi, ma senza riuscirci. Potreste seguire un corso in palestra invece di correre sul tapis roulant, conoscendo nuove persone che hanno in comune con voi almeno quella passione. Immaginate questo e molto altro, soffermandovi sempre sulle conseguenze più pratiche e quotidiane.

In seconda istanza, vi chiedo di realizzare, fra tutte le cose che avete immaginato, la più piccola e indolore, quella che vi provoca meno turbamento (per esempio dire al barista: «Buongiorno, tutto bene? Per me un caffè, grazie» invece di biascicare semplicemente: «Caffè» con gli occhi bassi). Poi, il giorno successivo, aggiungete una nuova attività, sempre di minima entità, fra quelle che potreste concedervi se il vostro problema fosse davvero sparito. Un giorno dopo l'altro, arricchendo la vostra routine con un gesto nuovo, diverso dal solito, come se foste già fuori da tutte le vostre difficoltà.

Come funziona?

John Weakland, uno psicologo del Mental Research Institute, diceva: «Ogni cosa conduce a un'altra cosa, che conduce a un'altra cosa... Se ti concentri sul fare la più piccola, e poi la successiva e così via, ti troverai a fare grandi cose, avendo fatto solo piccole cose». Sforzandovi di immaginare una realtà in cui il vostro problema non esiste più, create uno scenario alternativo pieno di opzioni e possibilità nuove, del tutto diverse da quelle attuali. Questo vi porterà a creare un'increspatura nelle vostre certezze, anzi una vera e propria onda, che poi io vi chiederò di cavalcare aggiungendo al vostro clock quotidiano delle azioni minime ma molto significative, perché poste una dietro l'altra possono innescare il cambiamento e, tramite continua applicazione, renderlo proficuo e duraturo.

Il *Viaggio a tappe*

Create uno schema (*vedi Workbook, p. 265*), che, attraverso una serie di tappe, vi conduca dalla situazione attuale a quella in cui il vostro problema non ci sarà più. Ora voi siete al punto 0, in cui le difficoltà ci sono e si sentono benissimo. Il punto 5 è quello in cui invece saranno completamente sparite. Cosa succede ai punti 1, 2, 3 e 4? Quali azioni ed eventi si dovrebbero verificare, scaglione dopo scaglione, per rendervi liberi da questa problematica? Nell'individuare questi passaggi, come sempre, vi chiedo di essere più dettagliati e concreti possibili. Non importa scrivere, per esempio al punto 1: «Allora starò un po' meglio di adesso». Bisogna invece specificare quali eventi si dovrebbero verificare per farvi stare un po' meglio; quali gesti vi sarebbero consentiti se il vostro problema gradualmente sparisse.

Ammettiamo che il vostro blocco abbia a che vedere con la paura di guidare. Lo sapete fare, avete la patente, ma da qualche tempo, per una ragione o per l'altra, avete smesso. La sola idea di prendere l'auto vi atterrisce, e questo è il vostro punto 0. Il punto 5 è quello in cui caricate in macchina tutta la famiglia e la portate in vacanza, affrontando autostrade, curve di montagna, traffico nelle grandi città, interminabili code vicino al mare e parcheggi complessi non dico con piacere, ma senza più timore. Al punto 1, per esempio, potreste immaginare di salire in auto al posto del guidatore, regolare il sedile e gli specchietti, mettervi la cintura di sicurezza, accendere il motore e poi, dopo poco, spegnerlo. Al punto 2 potreste farvi accompagnare da qualcuno di fidato in un parcheggio spazioso e isolato, oppure in una strada periferica e poco trafficata, e a quel punto prendere i comandi al suo posto e guidare, anche solo in linea retta, per qualche decina di metri. Al punto 3 potreste azzardare dei piccoli tragitti per le strade del vostro paese o del vostro quartiere se vivete in città, meglio se non all'ora di punta. Potreste per esempio arrivare fino al supermercato o all'edicola, comprare ciò che vi serve e poi tornare a casa, magari facendo una strada diversa rispetto a quella dell'andata. Al punto 4 potreste uscire dal luogo in cui vivete e provare qualche strada nuova, che non avete mai fatto prima, oppure intraprendere spostamenti un po' più consistenti.

Questo, ovviamente, è solo un esempio per spiegare in che modo scaglionare i vari passaggi: ognuno di voi, in riferimento al proprio blocco, immaginerà cosa collocare nelle tappe successive. Poi, come per la *Miracle question*, anche qui vi chiederò di cominciare gradualmente a compiere qualche piccola azione relativa al punto 1, scegliendo sempre per prime le più microscopiche, per poi salire gradualmente di livello man mano che le pratiche entrano a far parte della vostra routine e generano degli automatismi.

Come funziona?

Spesso l'obiettivo che vorremmo porci ci spaventa perché, visto nel suo insieme, ci appare enorme e granitico. È come se qualcuno a digiuno di alpinismo, che non ha fatto altro che qualche piccola passeggiata la domenica con gli amici, si trovasse improvvisamente di fronte all'Everest. "Sarebbe bello scalarlo e arrivare in cima" penserà, "ma so già che non ce la farò mai."

E quindi rinuncia, ancora prima di iniziare. Vi è mai capitato di comportarvi in modo analogo?

Il vantaggio del *Viaggio a tappe* è quello di frammentare la meta finale in una serie di piccoli obiettivi intermedi, tutti fondamentali. Raggiungerli sarà di certo più semplice, ma lo stesso non mancherà la soddisfazione; inoltre, la gioia di avercela fatta vi garantirà una maggiore fiducia nelle vostre capacità, necessaria per le sfide che ancora devono venire. Dividendo il tragitto in tanti step, diventa molto più facile intraprendere un percorso di cambiamento che, prima di partire, sembrava quasi proibitivo. Porsi delle tappe raggiungibili non eliminerà all'istante né il dolore né la fatica, ma innescherà degli automatismi che permettono di creare delle abitudini vincenti.

La *Collezione di attimi*

Il nome di questa strategia mi è venuto in mente dopo aver letto il libro *Opinioni di un clown* di Heinrich Böll, dove il protagonista a un certo punto dice: «Io sono un clown, e faccio collezione di attimi»[7]. A voi chiedo di fare lo stesso (*vedi Workbook, p. 266*) e di raccogliere ogni giorno, come se fossero perle di una collana, tutte le cose positive che vi succedono: piccoli passi avanti nel quotidiano, eventi insperati che vi rendono felici,

[7] Anche questa strategia è ispirata alle tecniche di psicologia positiva di Steve de Shazer.

qualche attenzione in più da parte degli altri, soddisfazioni personali o professionali... di qualunque cosa si tratti, prendetene nota. Non importa che siano gioie piccole o grandi: la cosa fondamentale è che siano eventi che vi danno piacere e che vorreste si verificassero di nuovo, o protraessero i loro effetti benefici nel tempo.

Come funziona?

Soprattutto nei momenti di difficoltà, è raro concentrarsi sulle cose positive che viviamo. La nostra mente è occupata dai pensieri, dal dolore, dall'insicurezza, e le piccole gioie di ogni giorno sfilano sotto i nostri occhi senza che noi ce ne rendiamo conto. Questo però è un atteggiamento molto disfattista e poco propositivo, l'esatto contrario di quello richiesto per un cambiamento. Credo invece che sia molto utile dare importanza agli eventi positivi: notarli, appuntarli, sottolinearli, lasciarci sorprendere dal loro arrivo ogni volta che si manifestano. È il primo passo per avere una predisposizione nuova nei confronti di ciò che ci succede, molto più fertile e aperta alle novità positive che potrebbero raggiungerci.

L'*Eccezione che diventa la regola*

Elencate le volte in cui il vostro problema non vi ha disturbato e quelle in cui siete riusciti a metterlo da parte (*vedi Workbook, p. 266*). Tornando agli esempi precedenti: se siete estremamente timidi, appuntatevi quelle occasioni nelle quali siete invece riusciti ad aprirvi con qualcuno, o magari persino a essere un po' sfacciati, oppure a comportarvi in maniera estroversa. Indicate le piccole eccezioni che vi è capitato di fare alla regola della vostra timidezza: un saluto più caloroso del solito a uno sconosciuto, due chiacchiere con qualcuno che non fa parte del vostro gruppo di amici, quella volta in cui siete stati voi i primi a presentarvi a un nuovo arrivato invece di mostrarvi sfuggenti come al solito. Se avete paura di guidare, scrivete quando avete sognato di farlo e che andasse tutto bene, o quando effettivamente siete dovuti salire in macchina perché non potevate farne a meno e siete riusciti a cavarvela. Mettetevi d'impegno e, come un detective con la lente d'ingrandimento in mano, scandagliate minuziosamente il vostro problema alla ricerca di tutte quelle piccole eccezioni che di sicuro ha già in sé.

Come funziona?

Questa strategia è utilissima a verificare le risorse che avete dentro di voi e che, opportunamente convogliate, vi porteranno alla soluzione del problema. Non importa se sono poche o, a vostro avviso, piccole: ciò che conta è che ci siano e che sappiate dove andarle a cercare. Inoltre, da questa analisi emergeranno i contesti in cui le vostre difficoltà non si manifestano, oppure lo fanno con minore frequenza e intensità, e questa è una preziosa indicazione per scoprire da dove partire per iniziare a lavorare sul cambiamento.

Spesso, nei momenti di sofferenza, siamo portati a credere che il nostro sia un disagio granitico e inattaccabile. Invece l'*Eccezione che diventa la regola* mostra come ci siano già degli spiragli in cui è possibile insinuarsi, per tentare di replicare gli atteggiamenti virtuosi e trasformare quelli che ancora non lo sono.

Lo *Scrigno del tesoro*

Ricavatevi uno spazio solo ed esclusivamente per voi stessi: un qualcosa di unicamente vostro, che abbia a che fare con il vostro piacere e nient'altro. Coltivatelo da soli, lontani da mogli o mariti, figli e amici, genitori e colleghi: nessuno deve avere accesso al vostro scrigno. Può trattarsi di un intervallo di tempo, per esempio mezz'ora al giorno, in cui vi dedicate ai vostri hobby o a ciò che vi diverte; oppure un luogo fisico, per esempio un bauletto in cui conservate tutte le vostre poesie. L'importante è che sia un ambito segreto e circoscritto, in cui chiunque altro, a parte voi, è un estraneo e non ha diritto di entrare (*vedi Workbook, p. 267*).

Come funziona?

Oggi siamo abituati a condividere sempre tutto: sui social, con gli amici, con i parenti. La vita in famiglia, complici anche gli spazi sempre più ridotti, rende pressoché impossibile la conservazione di un angolo privato e isolato, dedicato solo a noi. Il risultato è che ci troviamo spesso avviluppati in una rete relazionale sempre più stretta, nella quale riusciamo solo a fatica a prendere contatto con la nostra identità. Inoltre, la velocità con cui ormai tutti conduciamo le nostre giornate, sempre di corsa fra un impegno e l'altro, ci impedisce di dedicare a noi stessi il tempo che meriteremmo.

Per questo, credo che sia davvero importante tornare a focalizzarci quotidianamente su noi stessi, seppure per un periodo di tempo limitato. Possono essere dieci minuti, trenta, un'ora per i più fortunati: basta che sia una pausa in cui possiamo fuggire, almeno con la mente, dai complessi reticoli delle nostre giornate per concentrarci su noi stessi e sul nostro piacere. Credo che questa tecnica sia molto importante per non perdersi di vista e per trovare al proprio interno le energie necessarie ad affrontare la vita di tutti i giorni. Inoltre, concedersi qualche attimo di divertimento e svago fa bene all'umore, e questo non può che influenzare positivamente il resto del tempo, oltre che i nostri rapporti con gli altri.

Le armi della persuasione di Cialdini

Vorrei concludere questo capitolo lasciandovi qualche altro spunto di riflessione. Non parlerò di altre tecniche, ma di osservazioni mutuate dai principi che Robert Cialdini[8], psicologo e docente dell'Ari-

[8] Robert Cialdini, *Le armi della persuasione. Come e perché si finisce col dire di sì* (Giunti, 2017). Io lo trovo un libro essenziale, non solo per gli addetti al lavoro ma per tutti… e in effetti, dal 2001 a oggi, è stato tradotto in almeno venti lingue e ha venduto in milioni di copie in tutto il mondo, quindi forse non sono il solo a pensarla così!

zona State University, ha individuato sul tema della persuasione. Mi rendo conto che la parola "persuasione" possa suonare male alle vostre orecchie, per cui ci tengo a rassicurarvi: non stiamo parlando di manipolazione, ma solo di influenza positiva. Non vi spiegherò come manovrare gli altri per far loro fare quello che volete (anche se immagino che ad alcuni un discorso del genere potrebbe interessare...), ma semplicemente riporterò e interpreterò gli studi di Cialdini per darvi qualche indicazione che vi permetterà di comunicare con maggiore efficacia, lanciare messaggi vicini alle vostre aspettative e interpretare meglio quelli altrui. Pensate a una mamma che, dopo che il figlio ha preso un bel voto in una verifica, gli fa un regalo: non lo sta manipolando, ma solo incentivando a continuare su quella strada. La persuasione a mio avviso può avere un valore assolutamente etico, se usata nel modo giusto: in nessun caso in questo contesto si parlerà di forzare le persone a comportarsi in un determinato modo, ma semplicemente di facilitare le risposte positive che si vorrebbero ottenere.

Cialdini, grazie ai suoi studi di psicologia sociale, ha tracciato delle linee di riferimento per spiegare in quali circostanze gli uomini siano più disposti ad accettare certi stimoli e quindi a dire sì a una proposta scartandone invece altre, magari altrettanto valide se non di più.

Le sue "armi di persuasione" sono ormai studiate in ogni università del mondo (infatti è facile che ne abbiate già sentito parlare: se sapete già tutto e quello che segue potrebbe annoiarvi, saltate pure senza troppi scrupoli al capitolo successivo!), soprattutto nell'ambito della comunicazione e del marketing: in quelle pagine sono nascosti anche i segreti che ci inducono a comprare un particolare oggetto, anche se magari non ne abbiamo alcun bisogno. Gran parte delle nostre scelte è indirizzata da tendenze inconsce, che seguono il nostro istinto e la nostra natura di animali sociali. Considerare tutte le variabili prima di prendere ogni minima decisione sarebbe un'impresa improba per il nostro cervello: il mondo in cui viviamo è troppo complicato per dar peso a ogni indizio. Senza accorgercene, quindi, ci affidiamo a delle scorciatoie, che in realtà sono principi psicologici molto importanti. I professionisti del marketing li studiano da decenni per creare strategie vincenti che ci inducano a comprare gli oggetti che stanno promuovendo; lo stesso, ma con altri scopi, fanno gli esperti di comunicazione.

In questo caso, come vi dicevo, io non farò nulla di tutto questo. Mi soffermerò soprattutto sul significato che le tecniche di persuasione possono avere nel quotidiano, ovvero nella comune interazione fra persone e in situazioni tipiche che possono capitare a tutti. Magari, leggendo le prossime righe, scoprirete finalmente perché vi comportate o meno in una certa maniera, quali sono le logiche che vi condizionano e in che modo potreste utilizzare proficuamente queste nuove conoscenze.

I sei principi di persuasione di Cialdini sono: reciprocità, impegno e coerenza, riprova sociale, simpatia, autorità e scarsità. Proviamo a vederli un po' più da vicino.

1) *Reciprocità.* Quando qualcuno ci fa un regalo, o si comporta in maniera gentile nei nostri confronti, ci sentiamo obbligati a ricambiare. È un concetto che ci insegnano da bambini: non si deve prendere senza restituire, pena il venire bollati come ingrati o, peggio, scrocconi. Se qualcuno in passato ci ha dato una mano e ora ci chiede aiuto, ci sentiamo in dovere di fare il possibile per lui. Se al bar, inaspettatamente, un collega ci offre un caffè, il giorno successivo vorremo essere noi a fare lo stesso. Se un amico ci riempie di regali e poi all'improvviso ci chiede un favore, non riusciremo a negarglielo. Se un vicino di casa, che a prima vista ci va poco a genio, ci invita a una festa nel suo appartamento, inizieremo a guardarlo con occhi diversi e magari finiremo per trovarlo simpatico. Se al ristorante il cameriere ci offre il digestivo, verrà più spontaneo lasciargli una mancia, o tornare in quel locale, o consigliarlo ad altri.

Commercialmente parlando, le aziende che conoscono il valore della reciprocità tendono a dare dei piccoli omaggi ai propri clienti: qualche offerta speciale, campioni di prodotti e via dicendo. In questo modo, sentendoci noi costretti a ricambiare, magari confermeremo la nostra fiducia invece di cercare una compagnia più conveniente.

Questo però non vale solo negli scambi materiali, ma anche in quelli sociali ed emozionali. Dare tempo, energie, affetto, consigli e supporto a un amico lo invoglierà a ricambiare appena siamo noi ad avere bisogno; noi per primi siamo molto più predisposti ad ascoltare le richieste di qualcuno che si è sempre dimostrato gentile e disponibile nei nostri confronti.

2) *Impegno e coerenza.* Socialmente parlando, essere coerenti e rispettare gli impegni presi è fondamentale: a nessuno piace essere ritenuto una persona bugiarda o inaffidabile, anche perché avere la fiducia altrui è un elemento importante per fare a nostra volta affidamento su qualcuno. Inoltre, spesso la coerenza è un escamotage che ci consente di risparmiare un sacco di tempo: pensate a Mark Zuckerberg, che si veste da anni sempre nello stesso modo per non dover scegliere ogni giorno cosa indossare. Lo stesso ci capita quando andiamo in un certo ristorante e prendiamo sempre lo stesso piatto perché sappiamo che è buono: così facendo evitiamo di sfogliare ogni volta il menu e di rischiare di ordinare qualcosa che non ci piace.

Spesso i venditori per strada, così come le società di raccolta fondi che telefonano a casa per avere un'offerta, non arrivano subito al dunque, ma si mostrano amichevoli e magari vi chiedono qualcosa di carino, per esempio semplicemente: «Come va?». Soprattutto se siete sovrappensiero o se non vi aspettavate la domanda, vi verrà spontaneo rispondere: «Bene, grazie!». A quel punto avete dato prova di essere in una buona disposizione d'animo. Questo ovviamente non vi obbliga né a comprare qualcosa né a devolvere fondi a un'associazione, ma di certo, volendo rimanere coerenti, vi impone di non essere sgarbati e di risolvere la situazione con le buone maniere.

La questione dell'impegno ha un'altra sfumatura. Qualche tempo fa è stato fatto un esperimento nell'ambulatorio di un ospedale, per tentare di ridurre il divario fra gli appuntamenti presi e quelli effettivamente rispettati: molte persone, infatti, dimenticavano di andare alle visite concordate. Ai pazienti è stato chiesto di scrivere sull'impegnativa data e ora di loro pugno: questo piccolo gesto ha ridotto gli incontri saltati del 18%.

Se volete essere certi di rispettare un impegno, non tenetelo solo per voi ma ditelo a tutti. Se, per esempio, voleste smettere di fumare, avvisate amici, parenti e colleghi delle vostre intenzioni: più persone lo sanno, più sarete portati a mantenere la parola data, per evitare di venire considerati inaffidabili. Al tempo stesso, se volete che qualcuno mantenga le promesse che vi ha fatto, assicuratevi che le dichiari davanti a un piccolo pubblico: così dicendo, sarà molto più difficile per lui o lei tirarsi indietro.

3) *Consenso o riprova sociale.* Quando siamo incerti sul da farsi, ci viene naturale vedere cosa hanno fatto gli altri prima di noi e agire di conseguenza. Istintivamente riteniamo che, se molte altre persone si sono già comportate in un certo modo, probabilmente hanno ragione, e quindi è opportuno adeguarci al loro pen-

siero. Questo, fra l'altro, risponde al nostro bisogno di appartenenza a un gruppo, un istinto primario motivato dal nostro essere animali sociali.

In libreria, il volume che vende decine di migliaia di copie (e speriamo che succeda anche a questo libro!) e di cui tutti parlano attirerà la nostra attenzione più di molti titoli magari altrettanto validi, ma meno conosciuti. Se una sera all'ora di cena passiamo davanti a due ristoranti, uno pieno e l'altro vuoto, ci dirigeremo spediti nel primo, ignorando del tutto il secondo. Nel campo della moda e dell'oggettistica in alcuni momenti ci sono articoli che, letteralmente, esplodono: tutti li hanno, tutti li vogliono. Il successo genera nuovo successo: pensate ai social che ci propongono per primi i post con un maggior numero di like e commenti, specie se ad averli apprezzati sono i nostri contatti. Se tutti parlano bene di un certo tipo di telefono, verrà voglia anche a noi di averlo; se tutti i nostri amici si fidano di un certo professionista, anche noi lo faremo.

Mostrarsi popolari è il primo modo per esserlo davvero. Avere tanti amici, dentro e fuori dai social; comparire in TV o essere citati in un articolo sul giornale; avere molte persone che parlano di noi sono tutti elementi che aumentano il nostro richiamo in ambito sociale e ci rendono più desiderabili.

4) *Simpatia*. Un concetto, questo, che ne racchiude almeno tre: la bellezza e la somiglianza (bellezza nella nostra cultura è anche sinonimo di bontà, mentre ciò che ci assomiglia, ossia ci è familiare, ci attira maggior-

mente); i complimenti (chi ci lusinga ci piace di più); la collaborazione (chi ha i nostri stessi obiettivi e si offre di lavorare con noi per raggiungerli insieme ci dà maggiore fiducia).

Siamo più disposti ad affidarci alle persone che ci piacciono e che ci assomigliano. Questo spiega, nelle réclame, l'utilizzo dei testimonial: le persone famose, che quindi già conosciamo e abbiamo l'impressione che siano di casa per tutte le volte che le abbiamo viste in TV, trasmettono la loro immagine al prodotto, rendendolo più appetibile.

Se ci curiamo di più dal punto di vista fisico, diamo agli altri messaggi più positivi e li invitiamo a fidarsi maggiormente di noi. Se ci vestiamo nella stessa maniera in cui sono vestiti i nostri interlocutori, o per lo meno con lo stesso stile, li porteremo a sentirsi a loro agio, e quindi ad accettare più volentieri le nostre richieste. (Questo a volte capita anche all'opposto, per contrasto, ed è per questo che io, pur essendo tutto tatuato, faccio lo psicologo, e la gente di me si fida... almeno sul lavoro!) Se siamo simpatici e risoluti, agli altri verrà istintivo seguire le nostre posizioni e darci corda. Mi viene sempre in mente l'immagine del gruppo di amici adolescenti che gira insieme: quello che aveva più successo con le ragazze non era mai il bello e musone, ma l'estroverso che sapeva attirare l'attenzione e farle ridere. E calcolate che ho passato tutte le estati della mia vita sulle spiagge della Toscana, quindi so di cosa parlo...

5) *Autorità*. Noi esseri umani siamo sempre alla ricerca di una guida, in ogni ambito, e la cerchiamo fra coloro che mostrano in maniera evidente i segni del loro valore e delle loro competenze. Ci fidiamo dei consigli dello chef al ristorante e della parrucchiera, che ci propone qualche nuovo prodotto per i nostri capelli; ci fidiamo dei camici bianchi dei farmacisti, che infatti li indossano pur lavorando ben lontani dalla sala operatoria, e delle divise della polizia.

Sul lavoro è difficile comunicare la nostra bravura a nuovi potenziali clienti senza passare per vanitosi: a quel punto, è importante trovare qualcuno che lo faccia per noi. C'è un caso molto carino di un'agenzia immobiliare, nella quale la segretaria che smistava le telefonate si preoccupava di capire prima di cosa avessero bisogno le persone e poi le faceva parlare con l'agente indicato. «Sta cercando un appartamento in affitto? Allora le passo la mia collega XXX, che ha più di vent'anni di esperienza in questo settore»; oppure: «Vuole vendere il suo immobile? La metto in contatto con l'agente YYY, che negli ultimi anni ha concluso positivamente il miglior numero di transazioni». Il risultato è che, a qualche mese di distanza, l'agenzia aveva incrementato i contratti del 15%.

Scegliere gli ambiti in cui ci si può (legittimamente!) mostrare autorevoli indurrà gli altri a fidarsi di voi, e quindi anche ad accettare le vostre richieste con più facilità.

6) *Scarsità*. Le opportunità con una disponibilità limitata ci appaiono più accattivanti. Se sappiamo che un oggetto è disponibile solo in cento pezzi, vogliamo accaparrarcelo per rientrare nell'élite dei pochi fortunati possessori, e se non ci riusciamo proviamo la frustrante sensazione di aver perso qualcosa. Commercialmente parlando, questa è una tattica che funziona molto ed è sotto gli occhi di tutti: quante volte leggete di un'offerta che dura solo pochi giorni, o di una tiratura limitata, o frasi come «affrettatevi, l'offerta è valida solo fino alle 15 di oggi!»? Non solo. Immaginate di essere in un negozio di scarpe, indecisi fra due modelli che hanno circa lo stesso prezzo e vi piacciono entrambi. Se la commessa vi dice: «L'unica cosa è che delle scarpe di destra ho solo questo paio e poi basta, sono andate a ruba» istintivamente sceglierete di comprare proprio quelle invece che le altre. A farvi agire in questo modo sarà un pensiero che si può sintetizzare con "ora o mai più": se non le comprate in quell'istante, le scarpe saranno perse per sempre. Le altre, invece, sono ancora in negozio in più esemplari, e questo le rende meno interessanti.

Anche in amore succede spesso qualcosa di simile: le relazioni contrastate sono più forti perché, quando sentiamo che una cosa potrebbe venirci tolta, la desideriamo molto di più. In Colorado è stata condotta una ricerca su centoquaranta coppie di ragazzi, tutte avversate dai genitori. Quando cercavano di interferire nella vita sentimentale dei figli, questi si legavano ai partner con ancora maggiore intensità. Se invece i genitori li lasciavano stare e smettevano di ostacolarli, pian piano il sentimento finiva per scemare e poi sparire da solo.

Noi essere umani siamo portati ad agire con più energia e velocità davanti a una possibile perdita che non a un guadagno. Indipendentemente dal concetto di utilità, sentiamo molto di più il bisogno di ciò che scarseggia che non di ciò che abbonda. E questo è vero anche nelle relazioni con gli altri: se riuscite a mostrarvi unici ed esclusivi attirerete molte più attenzioni, cosa che invece difficilmente accadrà se tendete a comportarvi nello stesso modo con tutti e a essere sempre ultradisponibili. In amore fatevi vedere sfuggenti, non raccontate e mostrate sempre tutto sui social, lasciate intuire che c'è ancora molto di voi da scoprire, e non per tutti. Se offrite poche opportunità, queste appariranno molto più preziose e di certo non mancherà qualcuno pronto a coglierle.

Mappa del capitolo

- La motivazione è un costrutto debole: è ciò che facciamo a determinare ciò che siamo.
- Il "come se" è una macrocategoria di tecniche in ambito strategico (creata da Paul Watzlawick, a sua volta ispirato dal pensiero filosofico di Hans Vaihinger) che consistono nell'immaginarsi in una situazione diversa da quella attuale, in cui il problema è sparito.
- Robert Rosenthal, ideatore del cosiddetto Effetto Pigmalione, ha dimostrato quanto la suggestione possa influenzare e modificare la realtà.
- Le profezie che si autoavverano e autorealizzano sono predizioni senza fondamento logico, che però si verificano perché molte persone ci credono e si comportano come se fossero reali, rendendole tali.
- L'esperimento carcerario di Stanford è un test condotto da Philip Zimbardo che mostra fino a che punto contesto, aspettative e ruoli sociali possano trasformare radicalmente il comportamento di una persona.

- La *Miracle question* di Steve de Shazer è una strategia nella quale al paziente è chiesto di immaginare come cambierebbe la propria vita se il problema da cui è afflitto sparisse miracolosamente, da un istante all'altro.
- Il *Viaggio a tappe* richiede di tracciare la strada che porta al raggiungimento del proprio obiettivo dividendola in una serie di passaggi graduali e più facilmente affrontabili.
- La *Collezione di attimi* e l'*Eccezione che diventa la regola* consistono nel tener nota degli eventi positivi che capitano ogni giorno (in generale, nel primo caso; in quanto eccezioni al proprio problema nel secondo) per metterli al centro dell'attenzione ed evitare di concentrarsi solo su ciò che non va.
- Lo *Scrigno del tesoro* è un piccolo spazio da prendersi ogni giorno solo per sé, per ritrovare il contatto con la propria identità e godersi qualche attimo di solitudine.
- La "armi della persuasione" indicate da Robert Cialdini sono: reciprocità, impegno e coerenza, riprova sociale, simpatia, autorità e scarsità. Conoscerle può aiutare a comunicare con più efficacia e garantire maggiori possibilità di successo.

"O" COME OSTACOLI

Dopo la seconda e ultima sezione dedicata alle tecniche, in questo caso alle **Risoluzioni**, siamo arrivati alla fine del nostro percorso. Questo vuol dire che d'ora in poi starete sempre bene e non avvertirete più nessun problema? No, anzi: schiettamente parlando, è del tutto possibile che prima o poi se ne manifesteranno altri. Nell'approccio strategico, lo psicologo non è una figura costante nella vita di un paziente. Piuttosto è come il medico di base, da cui non si va tutti i giorni o tutte le settimane, ma solo all'insorgere di un nuovo problema. Recentemente è venuta da me in studio una ragazza con un problema di psoriasi. Abbiamo fatto le nostre sedute e, grazie all'ipnosi, il suo problema è del tutto scomparso. Però magari fra qualche anno si fidanzerà o sposerà, e tornerà da me con il compagno per aiutarla a risolvere un eventuale problema di coppia – non glielo auguro, sia chiaro: ammetto solo che potrebbe succedere, e che se succedesse si tratterebbe comunque di un problema diverso da quello che abbiamo già risolto.

Allora forse l'essere arrivati fino in fondo vi garantisce la sparizione di ogni forma di malessere? Di nuovo, no: questo non posso garantirlo. Come vi ho detto più volte nel corso del libro, nessuno psicologo può fare miracoli. Ci sono situazioni che non possono essere risolte al 100%: semplicemente, non si può eliminare del tutto il problema. Quello che mi preme invece è che riusciate ad accettare ciò che resta; a conviverci senza demonizzarlo (e soprattutto senza stuzzicarlo di continuo come si fa con un dente che fa male: è il modo migliore per ridargli importanza e fare passi indietro rispetto ai risultati che avete già raggiunto). Credo anzi che quella piccola rimanenza sia molto importante. A me piace descriverla come il pallino nero del tao: un briciolo di disequilibrio che fa parte dell'equilibrio e lo completa, rendendolo addirittura più stabile. Attenzione: accettare non significa rinunciare passivamente, ma prendere attivamente consapevolezza di quello che esiste.

C'è anche un'altra cosa da considerare, e mi rendo conto che possa sembrare un po' brutale, ma io la trovo anche illuminante. Nessuno è perfetto e il malessere è un elemento che, in una qualche misura, fa sempre parte della nostra natura. Se fossimo stati perfetti, allora non sarebbero mai esistiti Amedeo Modigliani, Kurt Cobain, Vincent van Gogh e molti altri. Noi oggi godiamo delle meraviglie che questi geni intemperanti hanno prodotto anche grazie al loro malessere. Ed è vero che io ho una particolare passione per certi personaggi, ma il fatto è che pressoché tutti i più grandi artisti della storia erano mezzi pazzi, o avevano problemi di dipendenza da droga o alcol, o più in generale a volte stavano male, male davvero. In tempi recenti mi ha colpito molto la vicenda di Arturo Bruni, uno dei componenti della Dark Polo Gang che ha lasciato il gruppo anche, ma probabilmente non solo, per i suoi pesanti problemi con la droga. I giornalisti hanno intervistato suo padre, che si chiama Francesco ed è uno sceneggiatore e regista molto importante, e gli hanno chiesto un commento in merito non solo al rapporto del figlio con le sostanze stupefacenti, ma anche al suo atteggiamento sopra le righe e alla violenza dei testi delle canzoni del gruppo. L'uomo ha risposto: «Un artista non è un educatore, altrimenti non ci sarebbero stati i Rolling Stones, i Sex Pistols, Lou Reed. Un artista rappresenta il mondo, non insegna come si vive». Sono pienamente d'accordo con le sue parole – il che ovviamente non significa fare un'apologia né della droga né tantomeno della sofferenza, ma solo riconoscere che, parafrasando De André, a volte da quello che la società considera letame «nascono i fior».

Il nostro mondo oggi tende a imporre un modello completamente diverso, in base al quale ci è richiesto di essere sempre belli, giusti, corretti, salutisti, solari.

I GRANDI ESPLORATORI

AMEDEO MODIGLIANI

Ma lo sapete che per un po' ho avuto lo studio a Livorno a due passi dalla casa di Modigliani (1884-1920)? L'ho sempre considerato di buon auspicio, anche perché amo moltissimo i suoi quadri e anche la sua figura artistica. I suoi tratti puri, i volti e i corpi semplificati fino all'essenza, i colori accesi, le atmosfere sospese... e poi una vita brevissima, tormentata, piena di eccessi, di sofferenza e di estasi. Modigliani iniziò a dipingere nei primi anni del Novecento e poi nel 1906, come pressoché tutti i più grandi pittori, scrittori e musicisti del periodo, si trasferì a Parigi. Qui conobbe e frequentò altri artisti, del calibro di Constantin Brancusi e Pablo Picasso, Maurice de Vlaeminck, Gino Severini, Diego Rivera. Com'era tipico in quella città e in quegli anni, Modigliani faceva un grande uso di alcol e hashish, e così spendeva la maggior parte dei proventi ricevuti dalla vendita dei suoi quadri, che stavano iniziando a circolare e a ricevere consensi. La sua carriera e la sua vita si interruppero bruscamente nel 1920: Modigliani morì di tubercolosi a trentacinque anni. Il giorno dopo Jeanne Hébuterne, sua musa e moglie, non reggendo al dolore della perdita si suicidò buttandosi dalla finestra del loro appartamento: era incinta di nove mesi del loro secondo figlio.

Personalmente la trovo un'inclinazione molto pericolosa, perché credo invece che noi umani abbiamo anche, per così dire, il bisogno di sporcarci le mani, di perderci e poi ritrovarci, di sgarri oltre che di regole. L'idolatrare figure utopistiche, corrispondenti a modelli difficilmente trasferibili nella realtà, può portare a conseguenze ingestibili, un po' come sostenevo parlando delle coppie moderne.

Ma se il malessere può ritornare, e in ogni caso potrebbe anche non andarsene mai del tutto, perché dico che questa è la fine? O meglio, quand'è che esattamente si arriva alla fine? A mio modesto parere, la fine arriva quando qualcuno decide che sia così. Pensate a un pittore che compone il suo quadro una pennellata dopo l'altra, creando sulla tela l'immagine che ha in mente. A un certo punto arriva il momento in cui si deve fermare, aggiungere la cornice e appenderlo al muro. C'è una soglia in cui ognuno di noi capisce di essere arrivato a destinazione. Il lavoro dell'artista sulla sua opera potrebbe tendenzialmente essere infinito, ma deve anche saper dire basta e andare oltre, magari iniziando da capo con un nuovo quadro. Vorrei che anche voi vi sentiste un po' pittori, a questo punto: in fondo lo siete, perché avete la facoltà di disegnare la vostra vita nel modo in cui più vi aggrada.

Prima però di terminare questo quadro, o meglio questo libro, vorrei dirvi ancora un paio di cose. Per me ogni fine coincide con un nuovo inizio. La vita è tutta un processo circolare senza un vero termine, e ogni volta che si chiude una fase se ne inizia un'altra. Ora siete tornati a casa dopo un viaggio in mare pieno d'avventura, ma probabilmente presto dovrete ripartire.

Anzi, il mio consiglio è quello di farlo il prima possibile, uscendo dalla vostra comfort zone e dalle certezze che vi danno solidità. La libertà è movimento. Il superamento dei disagi e la conquista della vostra felicità sono processi lunghi e impegnativi, che si basano su apprendimenti e ripetizioni. E queste doti vanno allenate, come si fa con le mosse del judo: bisogna provarle e riprovarle, meglio se in condizioni difficili (la barca che cerca la tempesta...), per essere certi di possederle. Prima che ripartiate, però, vorrei mettervi in guardia su alcuni **Ostacoli** che potreste incontrare sia durante la navigazione sia nei periodi sulla terraferma: è sempre meglio conoscerli per capire come reagire al meglio nei momenti in cui li si incontra.

Oscillazioni e mentalizzazioni

Le oscillazioni nel quotidiano sono del tutto normali e non vanno considerate con troppa attenzione. Notarle è giusto, ma poi si va oltre. Anzi io stesso, nella tecnica delle *Improprietà situazionali* (*vedi p. 110*), vi ho suggerito di aggiungere delle piccole oscillazioni, ossia in quel caso delle gaffe volontarie, al vostro quotidiano.

Come già dicevo, se avessimo un sismografo interiore lo vedremmo sempre in attività, con picchi continui verso l'alto e verso il basso. Ricordatevi i palazzi antisismici: anche loro ondeggiano, ma questo movimento è quello che fa sì che non si spezzino. Se fossimo sempre rigidi e costanti, nelle motivazioni come nell'umore e nei desideri, rischieremmo molto di più di arrivare alla rottura. La cedevolezza non è sempre un difetto, anzi: ci permette di adattarci con più morbidezza alle asperità che affrontiamo, e quindi di soffrire molto di meno. Anche questo è un insegnamento del judo, che in effetti è proprio l'arte della cedevolezza.

Non dimenticate che la vostra barca, dovunque andiate, prima o poi dovrà affrontare una qualche tempesta, e che tutti gli attimi negativi che incontrerete, in cui si faranno sentire rabbia, dolore e paura, sono secchi d'acqua che potrete usare per annegare la pianta infestante che ha messo radici nel vostro giardino. Non pensate che tutto ciò che non è positivo sia automaticamente deleterio, da cancellare: raccogliete tutto quello che trovate e usatelo per i vostri scopi. Cercate sempre quello che vi fa uscire da schemi limitanti, che non vi rispecchiano e non possono portarvi al benessere.

Un'altra cosa che mi preme dirvi, e guardate che lo faccio da psicologo, è che non bisogna sempre psicologizzare tutto. Anche se in questo libro abbiamo parlato di **ASTRO** e di viaggi in mare, credo che spesso sia bene tenere i piedi per terra e rinunciare all'idea di fare voli pindarici in cui si analizza e razionalizza tutto. Ricordate la metafora che vi ho fatto qualche capitolo fa, quella della macchina che si rompe all'improvviso? Perché torni a funzionare, è davvero così necessario smontare e conoscere alla perfezione il funzionamento di ogni singola componente all'interno del cofano? Non è invece meglio l'intervento mirato e competente di chi sa benissimo che deve mettere le mani su un unico pezzo e lasciar stare il resto?

Da Freud in poi, la psicologia è diventata una componente fondamentale della nostra società, e questo sicuramente è un bene – anche perché, se così non fosse, io non sarei qui e voi ora non avreste in mano il mio libro. Credo però che la tendenza moderna a sviscerare ogni evento, cercare cause, nessi e conseguenze, rovistare nell'inconscio per ogni minimo evento, attribuire o attribuirsi disagi psicologici appena qualcosa non va secondo le aspettative sia davvero esagerata, e a volte anche pericolosa. Perché, come sostengo sempre, dare troppa importanza alle piccole cose che non vanno, e non concentrarsi invece su tutto quello che funziona, può essere controproducente: così facendo nella nostra mente si ingigantiscono i problemi e si trascurano gli aspetti positivi della nostra esistenza.

Io non ho la stoffa del guru e difficilmente, alla prima difficoltà, cercherò di tirarvi su di morale dicendovi cose come: «Dai che ce la fai!», «Se vuoi, puoi», «Basta credere in se stessi e andrà tutto bene». Fra l'altro una ricerca del 2009, condotta dalle Università di Waterloo e Brunswick, rivela ciò che io ho sempre sospettato: questo genere di incoraggiamenti funziona solo su persone che già stanno bene, mentre tendono a peggiorare il malessere di chi è alle prese con un blocco importante. Penso piuttosto che l'unica chiave per raggiungere la felicità sia lavorare costantemente e cercare con impegno di portare avanti tutti quei comportamenti che possono davvero farvi stare bene, e a lungo.

Sia chiaro: non sottovaluto il malessere. Ma non lo esalto neanche. Quindi, se posso darvi un consiglio: imparate a lasciar correre le piccole imperfezioni, non perché, come direbbe la psicologia positiva, «siete già perfetti», ma perché accanirsi su ogni minimo problema del quotidiano non può portare a nulla di buono. Concentratevi su quello che fate per raggiungere la felicità e aggiungete un piccolo step ogni giorno per arrivarci sempre più vicino: questo non farà sparire tutto il resto, ma vi insegnerà ad accettarlo meglio.

A caccia di alternative

Un esercizio stilistico cognitivo che faccio fare spesso ai miei pazienti è quello di aumentare il numero delle possibilità, ossia delle letture della realtà[1]. È una cosa che ho imparato studiando le microespressioni facciali sia a San Francisco con Paul Ekman, sia in Italia con il mio amico Diego Ingrassia. In quei corsi ci veniva chiesto, davanti a una certa mimica, di non offrire un'unica interpretazione, ma almeno due o tre.

[1] E questo, fra gli altri, è uno dei principi del costruttivismo radicale di Watzlawick.

Questo mi ha aiutato a capire che la complessità non è sempre un male, anzi: paradossalmente, aggiungere più alternative a quella che sembra l'unica possibile è un ottimo metodo per vederci più chiaro.

Ci sono anche degli studi che lo dimostrano. Paul Nutt, un professore americano, ha analizzato una serie di decisioni di importanza storica, e ciò che è emerso dalla sua ricerca è che le scelte migliori si fanno quando esistono molte alternative. Curioso, no? Di solito siamo portati a fare l'esatto contrario: diradare le possibilità al massimo per poi concentrarci su una di esse, quasi a tavolino. Forse è per questo che poi finiamo sempre per prendere decisioni improbabili?!

Sto scherzando, è ovvio, ma il concetto mi sembra interessante. Anche perché il modo migliore per aumentare le alternative è procedere in maniera antidisciplinare, ovvero tentando di uscire dalla propria ottica e mescolandosi con persone e punti di vista completamente diversi dai nostri. Questo crea una varietà di spunti e angolazioni che inizialmente può forse sembrare caotica, ma di fatto genera una grande ricchezza di scelte possibili, mettendo in luce magari anche cose a cui in origine non avevamo minimamente pensato[2].

È strano come più le moderne tecnologie ci met-

[2] Se questi argomenti vi interessano e volete approfondirli, vi consiglio di dare un'occhiata al libro, purtroppo solo in inglese, di Steven Johnson, intitolato *Farsighted. How We Make the Decisions that Matter the Most*.

tono virtualmente in contatto con tutto il mondo (e quindi anche con persone che vivono in condizioni completamente diverse dalle nostre), più tendiamo a rinchiuderci in spazi virtuali (ma di fatto anche reali) fatti a nostra immagine e somiglianza. Siamo bravissimi a trovare un'infinità di conferme alle nostre credenze; molto meno a confrontarci con chi la pensa diversamente. Questo però è un atteggiamento limitante, che tende a esaltare le nostre convinzioni anziché a metterle in discussione. Il che a volte può rivelarsi un approccio fallimentare… E adesso vi spiego perché.

Sapete cosa sono i bias cognitivi[3]? Sono dei costrutti mentali, che ognuno di noi in qualche misura ha, basati su percezioni errate o pregiudizi, e che ci portano a interpretare la realtà in maniera del tutto illogica, compiendo degli errori di valutazione. A me viene sempre da sorridere quando sento qualcuno dire: «Rispondi liberamente, senza preconcetti». È una richiesta impossibile: tutti, volenti o nolenti, siamo pieni di preconcetti, non sempre facili da riconoscere e ancor più complessi da sradicare. È però importante esserne consapevoli, ammettere che esistano e che influenzino il nostro quotidiano, dai

[3] Un bel libro sui bias cognitivi è *La trappola del comandante. Alla scoperta degli errori cognitivi che ci impediscono di decidere correttamente* (Rizzoli Etas, 2012) di Augusto Carena e Antonio Mastrogiorgio. Oppure potrebbe interessarvi *Biases. Errori cognitivi, affettivi e relazionali della vita quotidiana* (Kimerik, 2016) di Mario Salomi, o ancora *Pensieri lenti o veloci* di Daniel Kahneman (Mondadori, 2017).

pensieri alle decisioni agli atteggiamenti, in maniera estremamente profonda.

Per esempio, il bias di conferma è esattamente quello che vi ho raccontato poco fa: ci circondiamo di gente che la pensa come noi fino a convincerci che la nostra idea sia l'unica giusta. Similmente, il bias di gruppo è quello che ci porta ad attribuire a noi stessi e al nostro gruppo una serie di meriti che non riconosciamo mai ai gruppi avversari, anche quando evidentemente li hanno. Pensate al calcio: quando la nostra squadra vince, è perché è la migliore del mondo; quando vincono gli altri, è perché sono fortunati. L'*hindsight* bias è quello che, dopo il verificarsi di un evento imprevisto, ci fa pensare "io lo sapevo già!". Non è vero: tutti lo sappiamo ora, con il senno di poi. Se davvero potessimo conoscere con certezza quello che accade in futuro, magari nel 2001, all'epoca del dominio commerciale del Nokia 3310 e degli SMS, avremmo investito tutti i risparmi su Apple, azienda ai tempi quasi sconosciuta e su cui sarebbe stato molto azzardato scommettere. Se l'avessimo fatto, oggi invece che al lavoro saremmo su un'isola delle Maldive, con l'unica preoccupazione di scegliere se ordinare un succo di frutta o un cocktail al bar...

Un discorso a parte meriterebbe poi la dissonanza cognitiva, un meccanismo studiato sul finire degli anni Cinquanta del secolo scorso da Leon Festinger[4] e poi

[4] Il libro principale sul tema è appunto di Leon Festinger e si intitola *Teoria della dissonanza cognitiva* (FrancoAngeli, 2001).

ripreso da Milton Erickson, in base al quale nel nostro pensiero e nella nostra condotta nascono due pensieri o impulsi vissuti come contraddittori e che per questo possono generare malessere. La tendenza è di risolverli creandosi delle giustificazioni che colmino la forbice fra le due istanze. L'esempio più noto in questo campo è quello della favola *La volpe e l'uva* di Esopo: la volpe vuole mangiare l'uva, ma siccome non riesce ad arrivarci se ne va commentando: «Be', tanto era acerba». Sarà capitato anche a voi di iscrivervi in palestra per rimettervi in forma e poi di saltare qualche appuntamento: in quel caso nella vostra mente i due pensieri "devo andare in palestra per stare meglio" e "oggi non ho voglia di andarci" risultano in contrasto, e questo vi porta a inventare degli elementi che, per così dire, facciano da ponte: per esempio potreste dirvi "ma tanto se salto una volta non succede nulla perché i risultati si vedono sul lungo periodo". Non sono convinzioni che avete a priori, ma semplicemente degli aggiustamenti che mettete in atto nel tentativo di sentirvi più in pace con voi stessi.

L'elenco dei bias e delle dissonanze cognitive potrebbe continuare in eterno. Il messaggio che però mi importa far passare è che spesso, anche quando ci sentiamo completamente lucidi e nel pieno della ragione, stiamo semplicemente mettendo in atto dei meccanismi inconsci che ci portano a compiere scelte irrazionali. Quanto più siete convinti di qualcosa, tanto più dovreste metterla in discussione. Aumentate i dubbi, le alternative, le possibilità, e cercate di fluire in mezzo alla complessità senza aggrapparvi a ogni appiglio che trovate. Pensate a Carmelo Bene, uno dei più grandi protagonisti del teatro italiano, l'uomo forse più complesso, contraddittorio e controverso che si possa immaginare, eppure straordinariamente geniale e in grado di smontare certezze e pensieri lineari con vulcanica tenacia. A vederlo in scena si aveva l'impressione che ci fossero decine di individui tutti diversi ad agitarsi dentro di lui, ognuno con la propria voce e i propri gesti… Non vi dico di diventare come lui, ma semplicemente di lasciarvi ispirare: a volte la via migliore non è la più breve, ma la più stupefacente.

I GRANDI ESPLORATORI

CARMELO BENE

Uno svago, che però per me vale anche come esercizio, che mi concedo spesso è quello di riguardare il video della trasmissione *Uno contro tutti* di Maurizio Costanzo, nella puntata in cui c'è Carmelo Bene: la trovo una presenza vulcanica, folle, crudele nella sua ambivalenza, straordinaria. Arrivo alla fine del filmato sconvolto dalla sua potenza e con la mente molto più aperta. Credo che sia una di quelle esperienze che si possono capire solo rinunciando a cercare di capire. È una contraddizione? Sì, ma tutto di Carmelo Bene (1937-2002) lo è, e qui sta la sua ricchezza grottesca e illuminante.

Cresciuto a Lecce, nel 1957 andò a Roma per studiare giurisprudenza secondo il volere dei genitori. In realtà però, contemporaneamente, si iscrisse alla scuola di recitazione Pietro Scharoff, e poi ai corsi per attore dell'Accademia d'arte drammatica. Non li portò mai a termine, per insofferenza verso le rigide regole scolastiche e perché in quegli anni viveva una vita molto sregolata, fra fumo, alcol e tafferugli. A suo dire, nel solo 1958 passò la bellezza di 325 notti chiuso in un qualche commissariato di polizia! Iniziò a recitare nel 1959 e da allora non si fermò più. Era attore, drammaturgo, poeta, regista. Dopo anni di gavetta formò una propria compagnia, portando in scena testi classici che però interpretava in maniera grottesca e provocatoria, con uno stile talmente ricco da apparire barocco e un'innata propensione allo scandalo. Carmelo Bene si è sempre definito un genio, puntualizzando: «Il talento fa quello che vuole, il genio fa quello che può. Del genio ho sempre avuto la mancanza di talento». Credo che la sua opera, così come la sua vita, ci insegnino soprattutto l'importanza della complessità e della libertà da ogni schema, da perseguire a ogni costo.

Le *Sirene*

Fra gli ostacoli che incontrerete nel vostro viaggio, alcuni sono del tutto esterni alla vostra volontà e alla vostra sfera d'azione, come le tempeste: non potete prevederli, ma dovete accettarli e imparare a reagire in modo congeniale. Altri invece, come i bias cognitivi, sono per lo più inconsci e difficilmente eliminabili: dopo averli riconosciuti e contestualizzati, bisogna cercare di boicottarli, per impedire loro di prendere troppo potere su di noi e influenzare in maniera radicale il nostro atteggiamento.

C'è poi un'altra categoria di ostacoli, che sono quelli che noi stessi inventiamo nel tentativo di semplificarci la vita, per esempio spostando lontano da noi la responsabilità delle nostre stesse azioni, ma di fatto finendo per complicarla. In questo capitoletto ho voluto raccogliere un po' di frasi che mi capita di sentire spesso e che non si possono definire sbagliate in sé (niente lo è!), ma che possono risultare molto fuorvianti rispetto al nostro percorso, il cui obiettivo è quello di stare bene allargando le proprie visioni e uscendo da schemi fissi e limitanti. Le ho chiamate **Sirene** in onore di quegli esseri straordinariamente affascinanti della mitologia greca, che incantano i marinai con la loro voce celestiale e li invitano a dimenticarsi delle mansioni di bordo per buttarsi in acqua e raggiungerle. Non vorrei fare spoiler, ma di solito va a finire malissimo. Bisognerebbe piuttosto fare come Ulisse, che chiede ai compagni di tapparsi le orecchie e poi di legarlo saldamente a un albero della nave, di modo che possa sì sentire la voce delle sirene, ma senza tuffarsi fra i flutti alla loro ricerca.

Sono piuttosto sicuro di due cose: primo, a tutti

voi o quasi sarà capitato di pronunciare qualcuna delle frasi seguenti, convinti della loro validità; secondo, leggendo l'elenco che segue a un certo punto penserete: "Mamma, quant'è pignolo questo Gerry!". Sì, sulle parole sono estremamente pignolo, perché sono convinto che il modo in cui le usiamo, e i termini che scegliamo, influenzino il nostro pensiero, e quindi anche la nostra realtà. Le parole non sono inermi, anzi: hanno un potere molto forte, e quindi vanno selezionate con cura per evitare che ci si ritorcano contro.

A maggior ragione se a volte vi è capitato di pronunciare o pensare cose analoghe, vi invito a leggere le mie *Sirene* con attenzione. E mi raccomando: tenete saldo il timone verso la vostra meta e non lasciatevi ingannare dal loro canto!

- **«Io sono fatto così.»**
  «Sono timido ma non ci posso fare niente, sono fatto così»; «Ho paura di tutto e tutti, ma d'altronde sono fatto così»; «Lei dottore mi ha chiesto di fare questo esercizio ma io non ci riesco, sono fatto così».
  Fra le tante giustificazioni che sento ogni giorno da parte di chi non vuole cambiare un proprio atteggiamento, questa è la più frequente e, a mio avviso, anche la più limitante. Certo, ora magari siete fatti così, ma se volete potete cambiare. Con un po' di impegno, potete diventare anche l'esatto opposto di quello che siete attualmente. Non trasformatevi in una maschera o in uno stereotipo; non pensate che la vostra forma attuale sia immutabile; non af-

fezionatevi troppo a quello che ora vi sentite di essere. Tutti possiamo cambiare, soprattutto quando quello che siamo ci fa soffrire o non ci permette di esprimere al massimo il nostro potenziale.

- **«È vero / È falso», «È giusto / È sbagliato», «Mai / Sempre»**
  «Lo faccio sempre, tu non ci riuscirai mai»; «Quello che penso io è vero, quello che sostieni tu è falso»; «Questa è la soluzione giusta, tutte le altre sono sbagliate».
  Trovo questo genere di concetti altamente fuorviante, per diverse ragioni: perché proietta la situazione attuale sul futuro, influenzandolo; perché è giudicante, e quindi autolimitante; perché è basato su prese di posizione che possono diventare delle gabbie e produrre frustrazioni. Vi è mai capitato di stare insieme a qualcuno e fare grandi promesse da innamorati? Poi, se le cose sono andate male e la vostra relazione si è interrotta, probabilmente vi siete sentiti rinfacciare: «Ma tu dicevi che mi avresti amato per sempre!». E magari in effetti l'avete detto davvero, prendendovi però un impegno che non potevate mantenere: non perché l'amore eterno non esista (forse sì, forse no, chi può saperlo?), ma perché è molto difficile oggi immaginare quello che si farà fra cinquant'anni, non credete? Uscite da queste dicotomie e rinunciate a chiudere voi stessi e gli altri in schemi troppo rigidi che influenzano anche la vostra identità.

- **«Sii te stesso!»**
  È impossibile non farlo, non abbiamo alternative: possiamo solo essere noi stessi, sempre. Uno è se stesso anche quando finge, anche quando fa cose che fino a quel momento non aveva mai fatto, anche quando recita ruoli diversi dai soliti. Ognuno di noi è una marea di cose, spesso anche in contraddizione fra loro. Non siamo statue di legno scolpite con l'accetta: siamo materia fluida, in continuo movimento.

- **«Sii coerente!»**
  Anche questa è una frase che spesso mi fa sorridere. Come sostiene Gregory Bateson, per noi esseri umani la contraddizione è la regola e non l'eccezione. Ognuno di noi punta alla coerenza per rispetto delle convenzioni sociali (come si vedeva nel capitolo precedente, nelle tecniche di persuasione di Cialdini), ma la nostra natura va in tutt'altra direzione e anche questo è un aspetto da accettare.

- **«Soffro di abbandono», «Ho un forte senso di colpa»**
  Queste frasi derivano direttamente dall'estrema psicologizzazione della società odierna, ma sono concetti ormai svuotati del loro significato originario, per cui vogliono dire tutto e niente. Il senso di abbandono, come quello di colpa, sono situazioni serie, che si verificano in determinate condizioni e con conseguenze specifiche ed evidenti. Se siete a

dieta e avete mangiato una fetta di torta al cioccolato, nel 90% dei casi non avete il senso di colpa: vi siete accorti di avere fatto un errore e potete tutt'al più cercare di non rifarlo. Se la fidanzata vi ha lasciato, spesso non soffrite di abbandono: siete tristi, magari arrabbiati o delusi, ma non rimarrete perturbati a vita per questo. Non attribuitevi dei traumi che non avete avuto: finirete solo per ingigantire la vostra sofferenza, invece di rimboccarvi le maniche e andare avanti.

- **«Ho avuto una ricaduta»**
  È una delle espressioni più negative e limitanti che si possano sentire. A volte si tratta semplicemente di un passo indietro, che può essere necessario per farne uno in avanti. In alcuni momenti uno dei meccanismi della vostra personalità può andare in crisi come fa il sistema operativo di un computer, che si blocca perché deve essere aggiornato alla versione successiva. Tutti i sistemi complessi (e noi umani rientriamo in pieno in questa definizione...) si evolvono per crisi: c'è un inceppamento che va risolto, per poi cercare di creare una situazione migliore e più performante. La ricaduta di cui tanto si parla spesso è solo una semplice oscillazione, uno slancio all'indietro necessario a proiettarvi verso la vostra meta.

- **«Ma com'è possibile che sia successo?»**
  «Ma com'è possibile che ora il mio ragazzo non mi desideri più?», «Ma com'è possibile che fino a ieri

non avessi paura e oggi invece non riesco più a guidare?», «Com'è possibile che abbia dei problemi sessuali, proprio io che non ne ho mai avuti?»
Se è successo e sta succedendo, vuol dire che è possibile. Se un evento si è avverato, vuol dire che esiste e che potenzialmente potrebbe verificarsi nuovamente. È importante riconoscerlo e farsene una ragione, cambiare ciò che può essere modificato e accettare il resto.

- **«Ma», «Ormai»**
  «Ormai ce l'ho fatta», «Sono riuscito a fare quello che mi aveva chiesto, ma...»
  «Ma» e «ormai» sono orpelli negativi che sarebbe meglio evitare, soprattutto alla fine di un percorso. Sono il classico pallino nero del tao che c'è ed è giusto che ci sia, ma su cui non è importante focalizzarsi. Sta a voi scegliere se vedere il bicchiere mezzo pieno o mezzo vuoto, ma sicuramente, ai fini dell'autonarrazione, sarebbe meglio eliminare queste piccole aggiunte e concentrarsi su ciò che si è e che si è riusciti a fare.
  A questo proposito uso spesso una metafora, che chiamo "il difetto del doppiatore": i film stranieri sono tutti doppiati, per cui il labiale degli attori non è mai uguale al 100% all'audio. Se guardate il film con occhio critico, come appunto farebbe un doppiatore, vedrete una marea di piccoli errori e non riuscirete a seguire la trama. Se invece vi godete la pellicola nella sua interezza, gli errori di

certo non scompariranno... ma voi non li noterete, e questo vi permetterà di divertirvi molto di più!

- **«Devo avere più autostima», «Devo credere in me stesso»**
  L'autostima, così come la fiducia in sé e il benessere personale, non sono né dei doni portati da Babbo Natale né il frutto di un'eredità genetica che ci troviamo alla nascita. Possono esserci mille influenze da parte della famiglia, della scuola, degli amici e della società, ma di fatto ognuno deve arrivarci da solo, seguendo il proprio percorso. Per avere una buona autostima e stare bene con voi stessi, dovete lavorare giorno per giorno fino a ottenere risultati permanenti, frutto di una costante applicazione. Anche in questo caso, non basta dirselo: bisogna farlo. Autostima fai da te, appunto!

- **«Cosa devo dire/fare se...»**
  Molte persone scambiano lo psicologo per un guru o un indovino che possa fornire loro, su due piedi, la soluzione adatta per ogni genere di situazione. Invece non è così: non esistono formule magiche e né io né i miei colleghi potremo mai darvi delle ricette con il rimedio idoneo al vostro male come fa un medico di base con un farmaco.
  Non c'è un'unica soluzione giusta, né una sbagliata. Ci sono sempre moltissime alternative, e per trovare quella che possa fare al caso vostro dovete voi stessi, per primi, innescare un processo di cambia-

mento. Le soluzioni semplici a problemi complessi (come sono le nostre relazioni con noi stessi e gli altri) non esistono... o meglio, sì, ma spesso sono fuorvianti. I blocchi non si risolvono con la magia, ma con delle procedure che possono essere brevi, come nella psicologia strategica, ma richiedono comunque tutto il vostro impegno.

- **«Cosa significa quando lui/lei dice o fa certe cose?»**
  A proposito del fatto che lo psicologo non è un indovino: spesso molte persone, soprattutto con problemi di coppia, si rivolgono a me chiedendomi di interpretare i gesti e le parole dei loro compagni. Ora: anche impegnandomi moltissimo, non posso entrare nella testa di nessuno, men che meno in quella di qualcuno che non conosco e che al momento non è lì. Ma soprattutto: perché dovrei farlo? E perché dovreste volerlo fare voi? Cercare le cause delle azioni altrui è un meccanismo complesso, che spesso si rivela un'impresa titanica. Inoltre, sposta il vostro focus da quello che esiste (ciò che una certa persona ha detto o fatto) a quello che potrebbe anche non esistere, ovvero le presunte motivazioni che l'hanno animata. In questi casi, credo che sia molto più sano concentrarsi su ciò che c'è: una parola o un'azione concreta prima di tutto da accettare e con cui rapportarsi, capendo piuttosto perché vi faccia soffrire così tanto e in che modo impatti su di voi.

- **«Il problema è che il mio partner è un narcisista»**
  Il narcisismo non è necessariamente un aspetto patologico da modificare. Molto più spesso è un'inclinazione caratteriale, un aspetto della personalità di qualcuno. E questo può anche non andarvi bene, ma dovete riconoscere che in questo caso il problema non è del partner (che magari sta benissimo nel suo narcisismo), bensì vostro. È già difficile cambiare se stessi: cambiare un'altra persona è ancora più complesso. Riportate il focus su voi stessi anziché spostarlo all'esterno e chiedetevi fino a che punto questa caratteristica della persona con cui state vi disturbi. Se vi è impossibile avere a che fare con un narcisista, fateglielo presente. Se a lui non interessa cambiare, lasciatelo e cercate una persona con un carattere diverso. Rimanere in una situazione che vi fa soffrire è come prendere a pugni un muro per farlo crollare: il muro resterà al suo posto e a crollare, invece, sarete voi.

- **«Dovrebbe capirlo da solo/a»**
  Se il vostro partner (o un genitore, figlio, amico...) potesse capire da solo ciò che a voi sembra tanto chiaro, l'avrebbe già fatto. Se non c'è arrivato, è perché forse non vuole o non può capirlo. Quindi, di nuovo, tocca a voi prendere in mano la situazione e scegliere come agire: tentare di spiegare nuovamente un certo concetto, sperimentare strategie inedite per farlo diventare evidente, lasciare perde-

re… Non c'è una soluzione univoca: dipende tutto da quali risultati volete ottenere e da qual è il vostro atteggiamento.

- **«Lui/lei è insopportabile»**
  «E allora perché lo sopporti e vuoi continuare a starci?» chiedo io di solito in questi casi. Se è insopportabile, lo dice la parola stessa, non si può sopportare. E se non si può sopportare, chiudete la relazione. Non vorrei sembrare troppo *tranchant*, ma la realtà va accettata: se una cosa non va, non va. Se non ha mai funzionato, non funzionerà. Se una situazione vi fa star male, provate a modificarla. Se non ci riuscite, createvi un'altra situazione in cui possiate essere felici. Dovete essere protagonisti della vostra vita e agire per primi per perseguire il vostro benessere. Nessuno può farlo al posto vostro: il timone della vostra barca è solo nelle vostre mani.

Il cammino del Matto

Confesso di sentirmi davvero come il pittore di cui parlavo all'inizio del capitolo. Ho messo in questo libro tutte le pennellate che volevo, eppure ora, a un passo dalla fine, faccio fatica a staccarmene: continuo a riguardarlo pensando a quante altre cose potrei aggiungere, a cosa correggere, a come ampliarlo… Eppure so che questo mio percorso è finito e che è arrivato il momento di lasciarlo andare per la sua strada. E di lasciar andare anche voi, dopo avervi accompagnato in un viaggio che spero vi sia piaciuto e che non sia l'unico, né per voi né per me. A navigare i mari capita spesso di rincontrare i propri amici marinai. Magari ci si trova in qualche taverna, a bere una birra e raccontarsi le reciproche scorribande, oppure a parlare di nuove mete da raggiungere e nuove sfide da affrontare… e chissà che non succeda anche a noi!

Vi saluto, quindi, con una metafora un po' particolare e allusiva, presa direttamente dal mondo dei Tarocchi, e in particolare da quelli di Alejandro Jodorowsky. "Ma come Gerry" penserete, "dopo tutto un libro sulle tecniche, gli esercizi e l'applicazione tiri fuori i Tarocchi e Jodorowsky?". Sì, perché questo volume rappresenta in un certo senso anche il viaggio che io ho fatto nel mondo della psicologia. Come vi dicevo, quand'ho iniziato ero attratto soprattutto dagli aspetti meno tangibili di ciò che succede: gli avvenimenti misteriosi, le coincidenze indefinibili, le ritualità arcaiche che hanno dominato per secoli la nostra esistenza e che ora sono un po' state accantonate, fra la frenesia e la razionalità dei tempi moderni, eppure credo che continuino a farsi sentire. Ho poi seguito un percorso di tutt'altro genere, e ne sono soddisfatto. Ma una curiosità di fondo per tutto ciò che è oscuro e attualmente non spiegabile mi è rimasta, e mi piace pescare in quel mondo per trovare immagini e metafore che possano descrivere in maniera suggestiva anche la nostra quotidianità.

I GRANDI ESPLORATORI

ALEJANDRO JODOROWSKY

«Quando si va a cercare un guru si va in cerca di quello che potremmo fare da soli: vuoi che un altro faccia per te quello che dovresti fare tu, perché pensi di non riuscire a fare da solo. Ma il guru non ha ricevuto questo dono dal cielo, lo ha fatto lui, lo ha creato. Ha lavorato per riuscirci, riescici anche tu.»

Credo che Alejandro Jodorowsky sia soprattutto uno straordinario artista, con quel gusto surrealista che mi conquista sempre. A me piacciono le sue parole e le sue poesie, la sua fantasia, la sua costante ricerca di soluzioni alternative e altamente suggestive. Dal Cile, dove nacque nel 1929, si trasferì a Parigi negli anni Cinquanta e iniziò a occuparsi di teatro. Nel decennio successivo, dopo l'incontro con una guaritrice messicana, elaborò il concetto di Psicomagia, una disciplina dedicata alla guarigione della sofferenza attraverso gesti che lui definisce "atti effimeri", ossia apparentemente senza logica. Negli anni Settanta si è dedicato soprattutto al cinema, mentre in tempi recenti ha scritto diversi libri e contribuito alla sceneggiatura di alcuni fumetti. Si è sempre professato, e a mio avviso lo è stato e lo è ancora, un "maestro di immaginazione", dote che definisce così: «L'immaginazione attiva è la chiave di una visione più ampia, permette di mettere a fuoco la vita dai punti di vista che non sono i nostri, pensare e sentire partendo da prospettive diverse». So che suona banale dopo tutto quello che vi ho detto in questo libro ma... non potrei essere più d'accordo!

Secondo Jodorowsky, i Tarocchi sono uno strumento utile a capire il presente attraverso il passato piuttosto che il futuro. Pensate per un attimo al Matto, la carta più particolare fra gli Arcani maggiori. Tutti gli altri hanno un numero, lui no: non ha definizioni. È raffigurato come un uomo, forse un giullare, con un piccolo fagotto con le sue cose in una mano e un bastone con il quale si aiuta nel cammino nell'altra. Alle sue spalle c'è uno strano animale, forse un cane, che alza le zampe sulla sua gamba e non si capisce se cerchi di fermarlo o se, invece, lo sproni ad andare. Comunque, è in movimento: il Matto va e, come l'energia originaria, non ha limiti. Rappresenta un impulso, la spinta verso un viaggio sempre nuovo; è caos e frenesia, ma anche libertà; sregolatezza, ma anche costanza nel proseguire il cammino intrapreso. Nei Tarocchi è la carta della fine e dell'inizio, il tassello fondamentale che chiude il cerchio e dà vita a una figura in costante movimento, senza inizio né fine. È il momento magico in cui l'arrivo coincide con la partenza, e credo che questo sia il punto a cui siamo appena giunti anche noi.

Ora siete tornati a casa, con un bagaglio che spero sia più leggero in termini di paure e insicurezza e più ricco per quanto riguarda la conoscenza di voi stessi e delle mete che volete e potete raggiungere. Mi auguro soprattutto che questo libro sia per voi uno stimolo a viaggiare e vivere nuove avventure, consapevoli che in voi c'è tutto quello che vi serve per stare bene e per sfidare i pericoli dei mari con la giusta prudenza ma senza paura. Buon arrivo a destinazione quindi, e buona ripartenza. Spero che ora sappiate che, quando vi troverete in difficoltà e vi sembrerà di aver perso la rotta, potete sempre alzare gli occhi al cielo, o meglio dentro voi stessi, alla ricerca del vostro **ASTRO**.

Mappa del capitolo

- Alla fine di un percorso dedicato alla soluzione dei propri blocchi, non è detto che il malessere sparisca del tutto. Quel che resta è un po' come il pallino nero del tao, che è parte integrante dell'equilibrio.
- La vita è piena di percorsi circolari, nei quali spesso l'arrivo coincide con una nuova partenza.
- Le oscillazioni, sia durante il percorso sia alla fine, sono del tutto normali e accettabili. Gli alti e bassi d'umore non vanno demonizzati: una barca ondeggia anche sul mare più calmo.
- Bisogna cercare di evitare le eccessive mentalizzazioni: meglio rimanere con i piedi per terra e non cercare di psicologizzare tutto quello che capita.
- Un ottimo esercizio stilistico del quotidiano è quello di aumentare le alternative e la complessità, per non rischiare di rinchiudersi in schemi rigidi.

- I bias cognitivi sono dei costrutti mentali basati su pregiudizi o errori di valutazione presenti in ogni individuo. Vanno individuati e, il più possibile, sabotati, perché limitano la nostra visuale del mondo.
- «Io sono fatto così», «Ho avuto una ricaduta», «Devo credere in me stesso» e altre frasi analoghe sono ciò che io definisco *Sirene*, perché ingannano chi le pronuncia e rischiano di fuorviarlo dal suo percorso di crescita.

WORKBOOK

Gli esercizi che seguono riflettono il lavoro teorico fatto nei precedenti capitoli. Mi preme però ribadire che sono solo indicazioni di massima e non possono in alcun modo sostituire il lavoro fatto in studio con uno psicoterapeuta.

"A" come ATTENZIONE

1) Prima di iniziare, qualche piccola avvertenza... – p. 60

Autodescrizione

Questo esercizio serve a riconsiderare la propria autodescrizione nell'ottica di non credere troppo agli schemi con cui si tende a rappresentarsi.

A.

Scrivete di seguito cinque vostre caratteristiche, positive o negative che siano: l'importante è che siate convinti che vi rispecchino.

1) ______________________
2) ______________________
3) ______________________
4) ______________________
5) ______________________

B.

Ora confutate ciò che avete appena scritto. Trovate almeno una situazione in cui vi siete comportati in maniera diametralmente opposta a come pensate di essere. Per esempio, se ritenete di essere sinceri, raccontate di quando avete detto invece una bugia clamorosa a qualcuno; se pensate di essere pigri, spiegate quando siete stati iperattivi e così via.

1) ______________________
2) ______________________
3) ______________________
4) ______________________
5) ______________________

C.

Chiedete ad amici, parenti, colleghi o conoscenti di scrivere su un foglietto cinque caratteristiche che vi rispecchino, qualunque esse siano. Confrontate le loro opinioni con le vostre e indicate similitudini e discordanze.

SIMILITUDINI

DISCORDANZE

La piramide di Maslow - p. 62
Questo esercizio serve ad avere maggiore consapevolezza dei propri bisogni.

Guardate con attenzione la piramide di Maslow e provate a rispondere a queste domande:
- Partendo dal basso, quali bisogni avete già soddisfatto?
- Dovreste tornare indietro e soddisfare un altro bisogno prima di continuare il vostro viaggio verso la vetta?
- State trascurando qualcosa? E se sì, cosa?
- Avete le idee chiare su cosa state cercando e perché?

- Come strutturereste il vostro viaggio per raggiungere il vostro obiettivo?

2) Ragione e sentimento – p. 64

Lo scopo di questo esercizio è individuare in quale ambito impatta il vostro blocco, se in quello emotivo o in quello razionale/cognitivo. Rileggete il capitolo e utilizzate le domande qui sotto come stimoli per riflettere sul vostro orientamento fra questi due poli, poi fate una crocetta sulla linea sottostante indicando il punto in cui ritenete di collocarvi.

- Vi capita spesso di avere paura in una situazione in cui, a tutti gli effetti, siete al sicuro?
- Avete l'impressione di soffrire immotivatamente per eventi poco rilevanti?
- Vorreste spiegare da dove origini il vostro dolore, ma non riuscite a decifrarlo?
- Il vostro blocco ha a che fare con la vostra relazione? Si tratta magari di gelosia, paura di perdere il vostro partner, sudditanza psicologica verso la persona con cui avete un rapporto?
- Vi concentrate più su quello che sentite rispetto a ciò che pensate?
- Vi capita mai di bloccarvi a causa delle emozioni che provate?

Se avete risposto di sì a tutte queste domande, è probabile che il vostro blocco sia di natura emotiva.

- Spesso non riuscite a pensare come vorreste?
- Avete dei problemi di concentrazione, oppure di scarsa lucidità nei ragionamenti complessi?
- Credete che vi manchino dei tasselli necessari a capire la vostra situazione?
- Non avete capacità di analisi e non riuscite a esprimere giudizi?
- Vi capita di pensare o rimuginare spesso su qualcosa?
- Avete un chiodo fisso?
- Avete dei pensieri intrusivi?

Se avete risposto di sì a tutte queste domande, è probabile che il vostro blocco sia di natura razionale.

Se, in entrambe le categorie, avete risposto un po' sì e un po' no, è possibile che siate in una situazione di sostanziale equilibrio.

EMOZIONE	EQUILIBRIO	RAZIONALITÀ

3) Io e gli altri – p. 66

Questo esercizio può servire a capire se il vostro focus è più orientato su voi stessi o sull'esterno, e quale sia il vostro approccio temporale. È diviso in tre parti, come il capitolo relativo, e si conclude con due quadranti di focalizzazione in cui potete provare autonomamente a collocarvi in base alle tendenze emerse.

Chi ha ragione?

Siete convinti di avere sempre ragione o di non averla mai? Utilizzate le domande qui sotto come stimoli per prendere consapevolezza del vostro atteggiamento in questo ambito, poi fate una crocetta sulla linea sottostante indicando il punto in cui vi collocherete in base tendenze emerse.

- Siete portati a credere che gli altri siano molto più affidabili di voi?
- Sul lavoro vi capita di rifiutare mansioni impegnative perché pensate di non esserne in grado?
- Quando dovete prendere una decisione importante, chiedete consigli a chiunque o ve la cavate da soli?
- Nella vita di coppia, affidate ogni scelta al vostro partner?

Se avete risposto di sì a tutte queste domande, è probabile che siate convinti che siano sempre gli altri, e non voi, ad avere ragione.

- Pensate che la vostra idea della realtà sia l'unica possibile?
- Ogni volta che succede qualcosa, siete convinti di averlo previsto?
- Quando qualcuno vi chiede un consiglio, voi sapete sempre cosa dire?
- Siete convinti che se gli altri vi ascoltassero più spesso potrebbero essere più felici?

Se avete risposto di sì a tutte queste domande, è pro-

babile che siate convinti che siete sempre voi, e non gli altri, ad avere ragione.

Se, in entrambe le categorie, avete risposto un po' sì e un po' no, è possibile che siate in una situazione di sostanziale equilibrio.

IO HO RAGIONE	EQUILIBRIO	GLI ALTRI HANNO RAGIONE

Chi ha la responsabilità?

Credete che tutto ciò che succede sia colpa o merito vostro, o pensate piuttosto che le sorti del mondo e della vostra vita dipendano dagli altri? Utilizzate le domande qui sotto come stimoli per prendere consapevolezza del vostro atteggiamento in questo ambito, poi fate una crocetta sulla linea sottostante indicando il punto in cui ritenete di collocarvi.

- Vi capita spesso di pensare che, se foste un po' più fortunati, la vostra vita sarebbe molto migliore?
- Siete convinti che i vostri problemi derivino dalla vostra famiglia, dall'ambiente in cui siete cresciuti o dalle cattive compagnie?
- Pensate di non aver fatto carriera perché il capo ce l'ha con voi?
- Credete di non aver ancora trovato l'anima gemella perché tutti i vostri partner hanno fatto gravi errori nel vostro rapporto?

Se avete risposto di sì a tutte queste domande, è probabile che siate convinti che siano gli altri a essere responsabili di come vanno le cose nella vostra vita.

- Pensate di poter controllare ogni attimo della vostra vita?
- Vorreste avere un ruolo molto più attivo nella vita di coppia e sul lavoro?
- Sentite di avere in pugno la vostra vita e di poterne fare tutto ciò che volete?
- Ogni volta che qualcosa va bene, siete convinti che sia merito vostro?

Se avete risposto di sì a tutte queste domande, è probabile che siate convinti di avere piena responsabilità di tutto ciò che vi succede.

Se, in entrambe le categorie, avete risposto un po' sì e un po' no, è possibile che siate in una situazione di sostanziale equilibrio.

LA RESPONSABILITÀ È DEGLI ALTRI | EQUILIBRIO | LA RESPONSABILITÀ È MIA

Passato o presente?

Qual è il vostro orientamento temporale? Guardate sempre al passato o siete già proiettati nel futuro? Utilizzate le domande qui sotto come stimoli per prendere consapevolezza del vostro atteggiamento in questo am-

bito, poi fate una crocetta sulla linea sottostante indicando il punto in cui ritenete di collocarvi.

- Ogni volta che vi capita una situazione nuova, la ricollegate all'istante con qualcosa che avete già vissuto?
- Avete paura di trovarvi in un contesto diverso dal solito, con persone sconosciute?
- Fate tesoro delle vostre esperienze trascorse e le usate per decidere come impostare il vostro presente?
- Non vi fidate delle persone che hanno qualcosa a che vedere con quelle che, in passato, vi hanno delusi o feriti?

Se avete risposto di sì a tutte queste domande, è probabile che il vostro orientamento temporale sia rivolto al passato.

- Sapete già immaginare con buona approssimazione cosa farete fra cinque, dieci o quindici anni?
- Avete già posto le basi per le attività che vi occuperanno nei mesi a venire?
- Vi sentite a vostro agio all'idea di prendere impegni a lungo termine?
- In ogni persona o situazione nuova che incontrate vedete un'opportunità per il futuro?

Se avete risposto di sì a tutte queste domande, è probabile che il vostro orientamento temporale sia rivolto al futuro.

Se, in entrambe le categorie, avete risposto un po' sì e un po' no, è possibile che siate in una situazione di sostanziale equilibrio.

PASSATO | EQUILIBRIO | FUTURO

Ora, in base alle risposte date, cercate il vostro posizionamento nei quadranti di focalizzazione che incrociano il tempo con la responsabilità e il tempo con la ragione.

TEMPORALITÀ

FOCUS RAGIONE	QUADRANTI DI FOCALIZZAZIONE	PASSATO (uomo delle caverne)	FUTURO (esploratore spaziale)
	INTERNO (professorone)	**PUFFO QUATTROCCHI** "VE L'AVEVO DETTO"	**CASSANDRA** "SO GIÀ COME ANDRÀ A FINIRE"
	ESTERNO (asino dietro la lavagna)	**LO SBAGLIATORE SERIALE** "HO ROVINATO TUTTO"	**IL RINUNCIATARIO** "PENSATECI VOI"

TEMPORALITÀ

FOCUS RESPONSABILITÀ

QUADRANTI DI FOCALIZZAZIONE	PASSATO (uomo delle caverne)	FUTURO (esploratore spaziale)
INTERNO (eroe dei due mondi)	**AUTORECRIMINATORIO** "È TUTTA COLPA MIA"	**VISIONARIO** "TUTTO DIPENDERÀ DA ME"
ESTERNO (agnello sacrificale)	**INCATTIVITO** "IL MONDO FA SCHIFO"	**FATALISTA** "SPERIAMO BENE"

4) Prima la mente o prima il corpo? – p. 74

Questo esercizio può aiutarvi a capire se, in presenza di un blocco, vi si attivi prima la mente o il corpo. Utilizzate le domande qui sotto come stimoli per riflettere sul vostro orientamento fra questi due poli, poi fate una crocetta sulla linea sottostante indicando il punto in cui ritenete di collocarvi.

- Riuscite a dormire anche se siete stressati o c'è qualcosa che vi turba?
- Vi sentite in ottima forma dal punto di vista fisico anche quando siete in difficoltà sul lavoro o in una relazione?
- Il problema con cui avete a che fare vi impedisce di ragionare lucidamente, ma a parte questo non avete altre conseguenze?

- In periodi di disagio, non siete mai stati costretti ad andare dal medico per risolvere qualche problema fisico?

Se avete risposto di sì a tutte queste domande, è probabile che nel vostro caso, davanti a un blocco, si attivi prima la mente.

- Vi capita spesso di avere forti mal di testa in concomitanza con l'attraversamento di un periodo difficile?
- In alcuni momenti vi accorgete di avere dei piccoli tic nervosi?
- Le preoccupazioni vi fanno perdere l'appetito?
- Soffrite di mal di schiena o mal di stomaco solo quando avete un problema che non riuscite a risolvere?

Se avete risposto di sì a tutte queste domande, è probabile che nel vostro caso, davanti a un blocco, si attivi prima il corpo.

Se, in entrambe le categorie, avete risposto un po' sì e un po' no, è possibile che siate in una situazione di sostanziale equilibrio.

MENTE | EQUILIBRIO | CORPO

5) Ci provo finché *non* ci riesco – p. 81

Rileggete il capitolo in questione ed elencate qui sotto

le vostre tentate soluzioni disfunzionali: fra le cose che fate per risolvere il vostro problema, cos'è che non sta funzionando?

6) I primi passi verso il cambiamento – p. 84

Quantificate il vostro malessere: quanto vi dà fastidio il vostro problema in una scala da 0 a 10? Indicate il valore nella scala qui sotto.

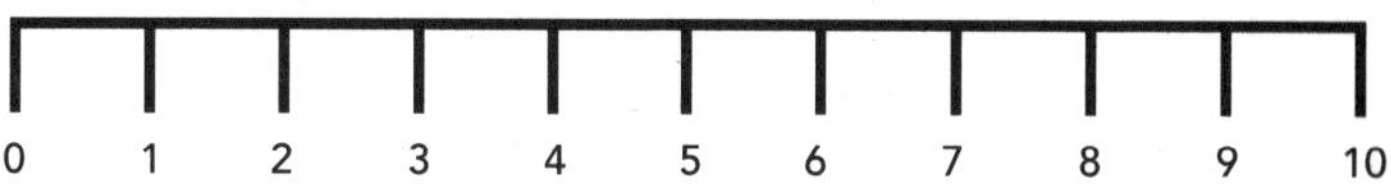

Se, in base a questa scala, il vostro malessere impatta su di voi con un valore da 0 a 3, massimo 4, potete far passare un po' di **Tempo** (*vedi p. 261*) e poi dedicarvi alle **Risoluzioni** (*vedi p. 264*). Se invece il valore è maggiore, partite dalle **Strategie** (*vedi p. 254*).

"S" come STRATEGIE

1) Il *Giornale nautico* – p. 98
Ideale per: chiunque attraversi un momento di malessere.

Prendete nota di tutto ciò che impatta negativamente su di voi nel quotidiano, utilizzando uno schema come il seguente:

Giorno: ______________________________
Ora: ________________________________
Luogo: ______________________________
Evento: _____________________________
Persone coinvolte: ___________________
Emozioni: ___________________________
Reazione: ___________________________

Durata: Al bisogno

2) *Lista degli impatti* o *"Povero me"* – p. 100
Ideale per: chiunque viva un momento di malessere, frustrazione, senso di fallimento, negatività.

Scrivete degli elenchi, completi e senza preoccuparvi delle ripetizioni, in cui indicate ciò che incide negativamente su di voi nel presente, nel passato e nel futuro. Se vi sentite particolarmente vittime della situazione, fate precedere ogni punto della lista dalle parole «Povero me che...».

Durata: Aggiornamento periodico delle liste per 10 minuti ogni giorno, depennando gli impatti che non vi danno più fastidio.

3) La *Stanza 101* – p. 105

Ideale per: chi soffre per angosce, paure, ossessioni, pensieri invadenti.

Chiudetevi ogni giorno in una stanza, soli e senza mezzi di comunicazione. Puntate una sveglia per 20 minuti dopo. Sdraiatevi sul letto e, per tutta la durata dell'esercizio, date libero sfogo alle vostre peggiori paure. Non interrompete l'esercizio per nessuna ragione, anche se non riuscite a portarlo a termine.

Durata: 20 minuti al giorno, per almeno 2 settimane, finché le paure persistono. Poi, al bisogno.

Le tre tecniche appena indicate, *Giornale nautico*, *Lista degli impatti* e *Stanza 101*, possono essere usate insieme per 4 settimane, secondo questa routine:
- 1ª settimana: *Giornale nautico* + *Lista degli impatti*;
- 2ª settimana: *Giornale nautico* + *Lista degli impatti* (con il sorriso);
- 3ª settimana: *Giornale nautico* + *Stanza 101*;
- 4ª settimana: *Giornale nautico* + *Stanza 101* (risignificazione).

4) Le *Improprietà situazionali* – p. 110

Ideale per: chi soffre di bassa autostima, eccessiva insicurezza, paura del giudizio altrui, inibizioni sociali.

Ogni giorno, fate volontariamente una piccola gaffe.

Finite di compilare la tabella seguente scrivendo nelle caselle vuote un'azione che vi farebbe sentire a disagio, oltre a quelle proposte. Poi ogni giorno chiudete gli occhi e puntate a caso una matita sulla tabella: la casella indicata vi indicherà quale piccolo errore volontario commettere.

Al bar, rovesciate il caffè che vi è appena stato servito.		Chiedete l'ora alla prima persona che incontrate.	
	Fate finta di inciampare su uno scalino.	Durante una partita (di carte, o di qualche sport...), sbagliate una mossa di proposito.	
Chiedete indicazioni palesemente assurde (per esempio, a Milano dov'è il Colosseo).			Al semaforo verde, non partite finché quelli dietro di voi non iniziano a suonare il clacson.
	Chiamate qualcuno con il nome sbagliato.	Fate cadere qualcosa (le chiavi, i fogli che avete in mano) davanti a qualcuno.	
Camminate con le scarpe slacciate.			Fingete di ricevere una chiamata in un momento inopportuno (al cinema o durante una riunione).

Durata: Una volta al giorno finché i sintomi persistono, poi al bisogno.
Se vi trovate molto in difficoltà con questo esercizio, fatelo precedere da una settimana di *Stanza 101* (*vedi p. 255*).

5) Le *Lettere apologetiche* – p. 114
Ideale per: chi si trova in una situazione di sudditanza emotiva nei confronti di un'altra persona e non riesce a uscire dal meccanismo di dipendenza.

Scrivete una lettera al giorno alla persona verso cui provate sudditanza emotiva, esaltando esageratamente e deliberatamente le sue qualità.

Durata: 1 settimana. Trascorso questo tempo, aprite e rileggete le lettere che avete scritto, ripetendolo ogni settimana, finché non sentite subentrare il senso del ridicolo.

6) *Acqua in bocca!* – p. 116
Ideale per: meccanismi rimuginativi, ipermentalizzazioni, incapacità di trovare una risposta o di prendere una decisione importante.

Se soffrite perché vi fate troppe domande, provate a smettere di rispondervi per un certo lasso di tempo.

Durata: 1 mese. Il giorno dopo la scadenza, verificate se siete in grado di rispondere alle domande. Se non lo siete, prendetevi ancora 1 mese di *Acqua in bocca!* prima di fare un nuovo briefing con voi stessi.

7) *Bruce Lee* – p. 121
Ideale per: chi si sente vittima di prese in giro, prevaricazioni, accanimento.

Incentivate l'attacco del prevaricatore, oppure lusingatelo pubblicamente fingendo di interpretare i suoi attacchi come una gentilezza che vi viene riservata.

Durata: Quando occorre.

8) *La guerra dei Roses* – p. 124
Ideale per: le coppie in crisi, soprattutto se molto litigiose.

Trovatevi ogni giorno con il partner in un ambiente chiuso e isolato (luogo e ora devono essere fissati in precedenza) e sfogatevi, litigando il più possibile, senza freni – ma ogni forma di violenza fisica è da escludere. Dopo questo momento, tornate alla normalità.

Durata: 15 minuti al giorno, per 15 giorni. In caso di bisogno durante la giornata, ripetete l'esercizio, sempre per non più di 15 minuti.

Dopo le 2 settimane, sostituite al litigio una discussione pacata in cui a turno, per 5 minuti, spiegate al partner le vostre ragioni – e viceversa. Solo quando sentite l'esigenza di litigare, tornate a farlo in un ambiente chiuso e isolato per non più di 15 minuti.

9) I *Cinque desideri* – p. 128

Ideale per: coppie in crisi, soprattutto se sussistono problemi di comunicazione.

Scrivete, su cinque foglietti, altrettante cose pratiche che vorreste il vostro partner facesse per voi e chiedete a lui/lei di fare lo stesso. La sera, scambiatevi i foglietti.

Il giorno successivo, aprite i foglietti che avete ricevuto e scegliete quali desideri esaudire.

Durata: 10 giorni, 1 volta al giorno. Trascorso questo tempo, in un luogo chiuso e appartato, verificate con il/la partner il bilancio dei desideri realizzati, da parte di entrambi, e tirate le somme.

"T" come TEMPO

1) Un clock per ogni giornata – p. 141

Ideale per: prendere consapevolezza di come si usa il proprio tempo e introdurre routine virtuose.

IL VOSTRO CLOCK OGGI

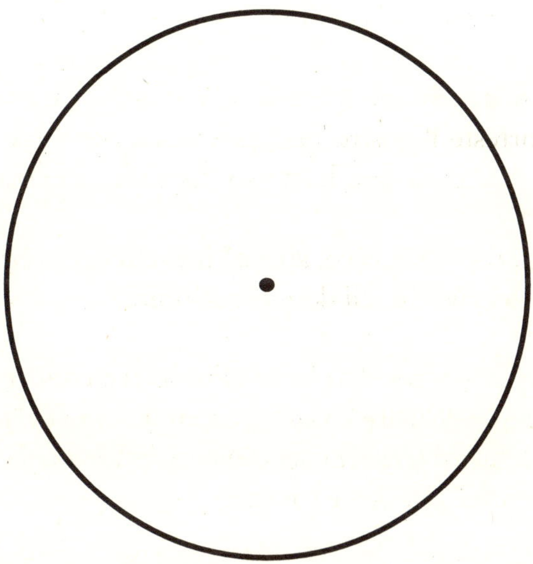

Disegnate nel clock degli spicchi (magari di colore diverso a seconda delle attività: lavoro, sonno, svago, famiglia – o affetti e relazioni – e così via) che corrispondano alla vostra giornata tipo odierna.

IL CLOCK CHE VORRESTE

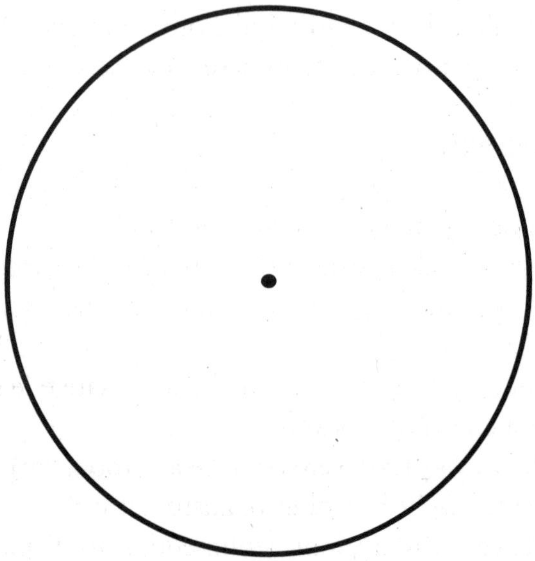

Disegnate nel clock degli spicchi (magari di colore diverso a seconda delle attività: lavoro, sonno, svago, famiglia – o affetti e relazioni – e così via) che corrispondano alla giornata tipo che vorreste vivere.

2) Qui e ora – p. 153
Ideale per: prendere consapevolezza del presente e aumentare le vostre capacità percettive.

Prendetevi 15 minuti al giorno per osservare minuziosamente voi stessi e l'ambiente che vi circonda nell'istante presente.
A voce alta, ripetete: «Io, qui e ora, sono consapevole che...» e poi proseguite in base a questi suggerimenti (indicativi e non esaustivi: a piacere potete aggiungerne molti altri):

- «Sono...» (il luogo in cui vi trovate);
- «Sto facendo...» (la vostra attività del momento);
- «Mi sento...» (prendendo in esame vari punti del vostro corpo);
- «Sono vestito...» (i vestiti che indossate e le sensazioni che vi provocano);
- «Vedo...» (descrivete cosa c'è attorno a voi);
- «Sento...» (udito, olfatto, gusto, tatto);
- «Provo...» (emozioni, sentimenti, stati d'animo);
- «Penso...» (pensieri, idee, progetti, paure, ricordi).

Durata: 15 minuti al giorno, ogni giorno.

"R" come Risoluzioni

1) La *Miracle question* di Steve de Shazer – p. 185
Rispondete alla domanda di Steve de Shazer aiutandovi con i dettagli elencati sotto.

Se di notte accadesse un miracolo e il vostro problema scomparisse, come cambierebbe la vostra vita?
Cosa fareste?
Come potreste vivere?
In che modo se ne accorgerebbero gli altri?
Come mangereste?
Come dormireste?
Come vi vestireste?
Come sarebbe la vostra vita familiare?
Come sarebbe la vostra vita lavorativa?
Quando uscireste con gli amici?
Cosa fareste con gli amici?
Come e quando fareste sport?
Come e quando vi dedichereste ai vostri passatempi?

Ogni giorno cercate di compiere una delle azioni che avete scritto fra le risposte alle domande, partendo dalla più piccola o semplice. Parallelamente, aggiornate il vostro clock quotidiano inserendo anche la nuova attività.

Durata: Tutti i giorni, fino a raggiungere il vostro scopo.

2) Il *Viaggio a tappe* – vedi p. 188

Compilate lo schema qui sotto suddividendo il viaggio verso il vostro obiettivo finale in una serie di tappe intermedie. Compilate in ogni casella indicando quali potrebbero essere i vostri passi avanti uno step dopo l'altro.

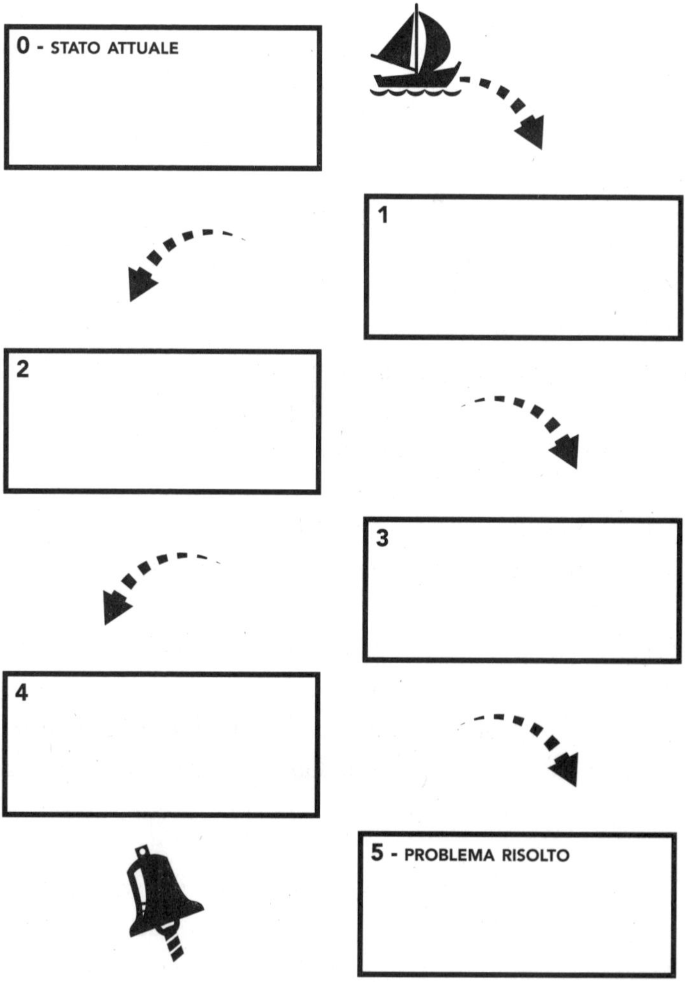

Come nella tecnica della *Miracle question*, ogni giorno cercate di compiere una delle azioni che avete scritto nelle caselle, andando in ordine in base alle tappe. Parallelamente, aggiornate il vostro clock quotidiano inserendo anche la nuova attività.

Durata: Tutti i giorni, fino a raggiungere il vostro scopo.

3) La *Collezione di attimi* – p. 191
Ideale per: essere consapevoli delle cose belle che accadono nel quotidiano.

Ogni giorno annotate su un taccuino tutti gli eventi positivi che vi capitano e che fate capitare voi stessi.

Durata: almeno 1 volta al giorno, tutti i giorni. Dedicatevi a questa tecnica soprattutto nei momenti in cui vi sentite in difficoltà.

4) L'*Eccezione che diventa la regola* – p. 192
Ideale per: verificare le risorse che avete già al vostro interno e usarle per combattere il problema che vi disturba.

Prendete nota di tutte le volte in cui siete riusciti ad accantonare o superare il vostro problema.

Durata: Ogni volta che riuscite a conquistare una nuova eccezione.

5) Lo *Scrigno del tesoro* – p. 194
Ideale per: tutti.

Ricavatevi un piccolo spazio solo ed esclusivamente per voi, in cui pensare a voi stessi e fare ciò che vi fa stare bene.

Durata: 1 volta al giorno, per almeno 10 minuti, tutti i giorni.

E per concludere...

Alla fine di questo percorso, vi ripropongo la scala da 0 a 10 che già avete trovato nel capitolo "**A" come Attenzione**. Vi chiederei, in conclusione, di segnare il valore attuale del vostro malessere... sperando naturalmente che sia diminuito rispetto all'inizio del nostro lavoro!

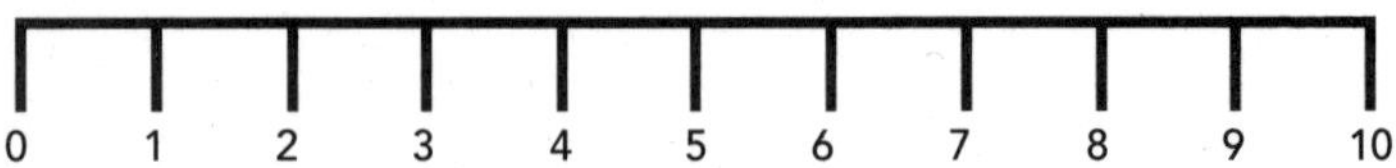

BIBLIOGRAFIA

James Allen, *Padroni del destino. I segreti del più grande motivatore di tutti i tempi*, Anteprima, 2010

Luciano Arcuri, Mara Cadinu, *Gli stereotipi. Dinamiche psicologiche e contesto delle relazioni sociali,* il Mulino, 2011

Roberto Assagioli, *L'atto di volontà*, Astrolabio, 1977

Id., *Principi e metodi della psicosintesi terapeutica*, Astrolabio, 1973

Estanislao Bachrach, *Il cervello geniale. Migliora la tua vita con le scoperte delle neuroscienze*, Tea, 2018

Richard Bandler, John Grinder, *Ipnosi e trasformazione. La programmazione neurolinguistica e la struttura dell'ipnosi*, Astrolabio, 1983

Id., *La ristrutturazione. La programmazione neurolinguistica e la trasformazione del significato*, Astrolabio, 1983

Gregory Bateson, *L'umorismo nella comunicazione umana*, Raffaello Cortina Editore, 2006

Id., *Mente e natura. Un'unità necessaria*, Adelphi, 2014

Id., *Questo è un gioco*, Raffaello Cortina Editore, 1996
Zygmunt Bauman, *Amore liquido. Sulla fragilità dei legami affettivi*, Laterza, 2017
Aaron T. Beck, *L'amore non basta. Come risolvere i problemi del rapporto di coppia con la terapia cognitiva*, Astrolabio, 1990
Heinrich Böll, *Opinioni di un clown*, Arnoldo Mondadori Editore, 1963
Flavio Cannistrà, Federico Piccirilli, *Terapia a seduta singola. Principi e pratiche*, Giunti, 2018
Augusto Carena, Antonio Mastrogiorgio, *La trappola del comandante. Alla scoperta degli errori cognitivi che ci impediscono di decidere correttamente*, Rizzoli Etas, 2012
Dale Carnegie, *Come trattare gli altri e farseli amici*, Bompiani, 2018
Gianfranco Cecchin, Gerry Lane, Wendel A. Ray, *Irriverenza. Una strategia di sopravvivenza per i terapeuti*, FrancoAngeli, 1993
Robert B. Cialdini, *Le armi della persuasione. Come e perché si finisce col dire di sì*, Giunti, 2017
Michael Clark, *I paradossi dalla A alla Z*, Raffaello Cortina Editore, 2011
Martin Cohen, *Lo scarabeo di Wittgenstein e altri classici esperimenti mentali*, Carocci, 2006
Italo Conti, *Autoinganni. Per non essere più vittime dei tranelli che ci costruiamo da soli*, FrancoAngeli, 2012
J.C. Cooper, *Yin e Yang. L'armonia taoista degli opposti*, Ubaldini, 198
Daniel Coyle, *Piccolo manuale del talento. Avere successo in 52 mosse*, Rizzoli Etas, 2013
Mason Currey, *Rituali quotidiani. Infinite varietà, impre-*

vedibili follie e inimitabili routine degli artisti, Vallardi, 2016

Charles Darwin, *L'espressione delle emozioni nell'uomo e negli animali*, Bollati Boringhieri, 2012

Richard J. Davidson con Sharon Begley, *La vita emotiva del cervello. Come le strutture cerebrali influiscono sul nostro modo di pensare, percepire e vivere e come possiamo modificarle*, Ponte alle Grazie, 2018

Rossina De Beni et al., *Psicologia della personalità e delle differenze individuali*, il Mulino, 2014

Edward de Bono, *Creatività e pensiero laterale. Manuale di pratica della fantasia*, Bur, 2016

Luc de Brabandere, *Pensiero magico, pensiero logico. Piccola filosofia della creatività*, Castelvecchi, 2014

Luc de Brabandere, Anne Mikolajczac, *Piccola filosofia dei nostri errori quotidiani. Si sbaglia ogni giorno, non è razionale cercare di non sbagliare*, Etas, 2009

Emanuele Del Castello, Camillo Loriedo, *Tecniche dirette ed indirette in ipnosi e psicoterapia*, FrancoAngeli, 1995

Robert Dilts, *Il manuale del coach. Gli strumenti per aiutare te stesso e gli altri a raggiungere i risultati desiderati*, A. Roberti, 2015

Paul Ekman, *I volti della menzogna. Gli indizi dell'inganno nei rapporti interpersonali, negli affari, nella politica, nei tribunali*, Giunti, 2015

Paul Ekman, Wallace V. Friesen, *Giù la maschera. Come riconoscere le emozioni dall'espressione del viso*, Giunti, 2017

Albert Ellis, Ted Crawford, *Entrare in contatto con il partner. Sette linee guida per il buon rapporto di coppia e una migliore comunicazione*, Perdisa, 2004

Jon Elster, *Ulisse e le sirene. Indagini sulla razionalità e l'irrazionalità*, il Mulino, 2005

Milton H. Erickson, *Opere*, 4 voll., Astrolabio, 1982-1984
Id., *La mia voce ti accompagnerà. I racconti didattici*, Astrolabio Ubaldini, 1983
Erik H. Erikson, *Gioventù e crisi d'identità*, Armando Editore, 2000
Id., *I cicli della vita: continuità e mutamenti*, Armando Editore, 1999
Stéphane Ferret, *La lezione delle cose. Un'iniziazione alla filosofia*, Ponte alle Grazie, 2007
Leon Festinger, *Teoria della dissonanza cognitiva*, FrancoAngeli, 2001
Andrea Fiorenza, *Ansia. 99 stratagemmi per liberarsene rapidamente*, Rizzoli, 2006
Id., *Comunicazione e cambiamento. Pragmatica e problem solving strategico*, Editrice Emilia Romagna, 1998
Id., *Quando l'amore non basta*, Rizzoli, 2008
Andrea Fiorenza, Chiara Giovannini, *Stop al panico. Terapia strategica breve per paura, fobie e panico*, Giorgio Pozzi, 2015
Carmine Gallo, *Pensare come Steve Jobs*, Sperling&Kupfer, 2012
Fabio Gherardelli, *Zero paranoie. Il nuovo metodo per vincere tutte le insicurezze*, Mondadori, 2012
Giulio Cesare Giacobbe, *Come smettere di farsi le seghe mentali e godersi la vita*, Ponte alle Grazie, 2013
Erving Goffman, *Consolare lo sconfitto. Aspetti dell'adattamento al fallimento*, Mimesis, 2016
Id., *Espressioni e identità. Gioco, ruoli, teatralità*, il Mulino, 2003
Id., *Il comportamento in pubblico. L'interazione sociale nei luoghi di riunione*, Einaudi, 2006
Id., *L'interazione strategica*, il Mulino, 2009

Id., *Relazioni in pubblico. Microstudi sull'ordine pubblico*, Raffaello Cortina Editore, 2008
Noah J. Goldstein, Steve J. Martin, Robert B. Cialdini, *50 segreti della scienza della persuasione*, Tea, 2010
Daniel Goleman, *Focus. Come mantenersi concentrati nell'era della distrazione*, Bur, 2014
Id., *Intelligenza emotiva. Che cos'è e perché può renderci felici*, Rizzoli, 2018
David Gordon, M. Meyers-Anderson, *La psicoterapia ericksoniana. Phoenix*, Astrolabio, 2003
David Gordon, *Metafore terapeutiche. Modelli e strategie per il cambiamento*, Astrolabio, 1992
Franco Granone, *Trattato di ipnosi*, Bollati Boringhieri, 1983 (oppure Uter, 1989)
Ragnhild N. Grødal, *La casa di Psiche*, Mondadori, 1998
Guglielmo Gulotta, *Commedie e drammi nel matrimonio. Psicologia e fumetti per districarsi nella giungla coniugale*, Feltrinelli, 2017
Id., *Ipnosi. Aspetti psicologici, clinici, legali, criminologici*, Giuffrè, 1980
Id., *Lo psicoterapeuta stratega. Metodi ed esempi per risolvere i problemi del paziente*, FrancoAngeli, 1997
Charles Hackney, *Le virtù guerriere. Arti marziali e psicologia*, Ponte alle Grazie, 2010
Jay Haley [a cura di], *Fondamenti di terapia della famiglia. Per cambiare la famiglia*, Feltrinelli, 1983
Id., *Il terapeuta e la sua vittima. L'uso dell'ordalia per cambiare il comportamento*, Astrolabio, 1985
Id., *Strateghi del potere. Gesù Cristo, lo psicoanalista, lo schizofrenico e altri ancora*, Raffaello Cortina Editore, 2009
Id., *La terapia del problem solving*, FrancoAngeli, 2010

Thorsten Havener, *So quel che pensi*, Tea, 2010

Id., *Te lo leggo negli occhi*, Tea, 2011

Aldous Huxley, *L'arte di vedere*, Adelphi, 2010

Ciro Imparato, *La voce verde della calma*, Sperling&Kupfer, 2013

Diego Ingrassia, *Il cuore nella mente*, Roi Edizioni, 2018

Alejandro Jodorowsky, *Il dito e la luna. Racconti zen, haiku, koan*, Mondadori, 2009

Alejandro Jodorowsky, Marianne Costa, *La via dei tarocchi*, Feltrinelli, 2018

Alejandro Jodorowsky, *Manuale pratico di psicomagia. Consigli per guarire la tua vita*, Feltrinelli, 2018

Steven Berlin Johnson, *Farsighted: How We Make the Decisions That Matter the Most*, Riverhead Books, 2018

Carl Gustav Jung, *Psicologia e alchimia*, Bollati Boringhieri, 2017

Daniel Kahneman, *Pensieri lenti o veloci*, Mondadori, 2017

Jigoro Kano, *La mente prima dei muscoli. Scritti del fondatore del judo*, Edizioni Mediterranee, 2011

Richard Koch, *80/20 La formula vincente*, Anteprima, 2014

Mikael Krogerus, Roman Tschappeler, *Piccolo manuale delle decisioni strategiche*, Rizzoli, 2009

André Kukla, *Le trappole della mente. Guida agli stupidi errori che ci rovinano la vita*, Ponte alle Grazie, 2016

Ronald David Laing, *L'io e gli altri. Psicopatologia dei processi interattivi*, Bur, 2012

Bruce Lee, *Il tao del dragone. Verso la liberazione del corpo e dell'anima*, Mondadori, 2006

Sam Leith, *Fare colpo con le parole. Trattato spregiudicato di retorica da Aristotele a Obama*, Ponte alle Grazie, 2013

Bettina Lemke, *Ikigai. Il metodo giapponese: trovare il senso della vita per essere felici*, Giunti, 2017

Fabio Leonardi, *Il grande paradosso della salute. La salute non è uno stato di completo benessere fisico, mentale e sociale: nuove prospettive*, Felici, 2015

Id., *La psicoterapia fra mito e realtà*, Armando Editore, 2018

Fabio Leonardi, Gerry Grassi, *La ristrutturazione del senso di identità: la prescrizione delle improprietà situazionali* in «Scienza dell'interazione. Rivista quadrimestrale di psicologia clinica e psicoterapia», n. 2, 2011

Kurt Lewin, *Principi di psicologia topologica*, Organizzazioni speciali, 1980

Id., *Teoria dinamica della personalità*, Giunti, 2011

Davide Lo Presti, *La profezia che si autorealizza. Il potere delle aspettative di creare la realtà*, Dario Flaccovio Editore, 2018

Camillo Loriedo, Maria Di Giusto, Giulia De Bernardis, *Attrazione e scelta. Incontrarsi e formare una coppia*, Ponte alle Grazie, 2011

Camillo Loriedo et al., *Strategie e stratagemmi della psicoterapia. Tecniche ipnotiche e non ipnotiche per la soluzione, in tempi brevi, di problemi complessi*, FrancoAngeli, 2002

Alexander Lowen, *Bioenergetica*, Feltrinelli, 2017

Alexander Lowen, Leslie Lowen, *Espansione e integrazione del corpo in bioenergetica. Manuale di esercizi pratici*, Astrolabio, 1979

Daniel Lumera, *L'arte di far succedere le cose. Come disegnare consapevolmente la propria vita*, Roi, 2017

Abraham Maslow, *Motivazione e personalità*, Armando Editore, 2010

Claudio Mammini e Renzo Balugani [a cura di], *La terapia naturalistica di Milton Erickson. L'uso dell'ipnosi nel rispetto del soggetto, dei suoi contesti e dei suoi modelli di relazione*, FrancoAngeli, 2014

Jeanne Martinet, *L'arte della gaffe*, Tea, 2004

Luca Mazzucchelli, *Fattore 1%. Piccole abitudini per grandi risultati*, Giunti, 2019

Margaret Mead, *Sesso e temperamento*, il Saggiatore, 2014

Walter Mischel, *The Marshmallow Test: Mastering Self-Control*, Little Brown & Co, 2014

Marco Montemagno, *Codice Montemagno. Diventa imprenditore di te stesso grazie al digital*, Mondadori, 2017

Claudio Naranjo, *Carattere e nevrosi. L'enneagramma dei tipi psicologici*, Astrolabio, 1996

Giorgio Nardone, Paul Watzlawick, *L'arte del cambiamento. La soluzione dei problemi psicologici personali e interpersonali in tempi brevi*, Tea, 2015

Rosanna Orlando, Anna Calvenzi, *Il paradosso del successo. Tutto quello che bisogna perdere per poter vincere*, Ponte alle Grazie, 2013

Nick Owen, *Le parole portano lontano*, Ponte alle Grazie, 2004

Vance Packard, *I persuasori occulti*, Einaudi, 2015

Cyril Northcote Parkinson, *La legge di Parkinson*, Monti & Ambrosini, 2011

Giangiorgio Pasqualotto, *Oltre la filosofia. Percorsi di saggezza tra oriente e occidente*, A. Colla, 2008

Frederick S. Perls, *La terapia gestaltica*, Astrolabio, 1980

Id., *Qui e ora. Psicoterapia autobiografica*, Sovera Edizioni, 2011

Steve Peters, *Il paradosso dello scimpanzé*, Sperling&-Kupfer, 2015

Filippo Petruccelli, Valeria Verrastro, *La relazione d'aiuto nella psicoterapia strategica*, FrancoAngeli, 2012

Monica Pierlorenzi, *Apprendimento strategico*, Lulu.com, 2015

Madsen Pirie, *Come avere sempre ragione. Usare le sottili armi della logica per attaccare e per difendersi*, Tea, 2013

Susan M. Pollak, Thomas Pedulla, Ronald D. Siegel, *Mindfulness in psicoterapia. Tecniche integrate*, Edra, 2015

Matteo Rampin, *Arte della scena e problem solving. La comunicazione persuasiva: psicoterapia, aziende, organizzazioni*, McGraw-Hill, 2005

Matteo Rampin, *Elogio della fatica. Vincere, senza segreti*, Ponte alle Grazie, 2014

Id., *Pensare come un mago. Risolvere problemi con il pensiero illusionistico*, Ponte alle Grazie, 2006

Id., *Persuasione estrema. Tecniche avanzate di influenzamento a distanza*, Libreria Militare, 2013

Matteo Rampin, Luca Anconelli, *Gestire la crisi. Tecniche psicologiche e comunicative in emergenza*, Libreria Militare, 2010

Matteo Rampin, Giorgio Nardone, *Terapie apparentemente magiche. L'analisi illusionistica dello stratagemma terapeutico*, McGraw-Hill, 2002

Giacomo Rizzolatti, Antonio Gnoli, *In te mi specchio. Per una scienza dell'empatia*, Rizzoli, 2016

Giacomo Rizzolatti, Corrado Sinigaglia, *So quel che fai. Il cervello che agisce e i neuroni specchio*, Raffaello Cortina Editore, 2006

Robert Rosenthal, libro *Pigmalione in classe. Aspettative degli insegnanti e sviluppo intellettuale degli allievi*, FrancoAngeli, 1999

Bernard Roth, *Se vuoi puoi. Smettila di sognare e incomincia a fare. Prendi in mano la tua vita!*, Corbaccio, 2016

Carlo Rovelli, *L'ordine del tempo*, Adelphi, 2017

Mario Salomi, *Biases. Errori cognitivi, affettivi e relazionali della vita quotidiana*, Kimerik, 2016

Rafael Santandreu, *L'arte di non amareggiarsi la vita*, Vallardi, 2013

Ralph D. Sawyer [a cura di], *Cento strategie non ortodosse*, Neri Pozza, 2004

Edgar H. Schein, *La consulenza di processo. Come costruire le relazioni d'aiuto e promuovere lo sviluppo organizzativo*, Raffaello Cortina Editore, 2001

Steve de Shazer, *Chiavi per la soluzione in terapia breve*, Astrolabio, 1986

Arthur Schopenhauer, *L'arte di ottenere ragione*, Mondadori, 2010

Martin E.P. Seligman, *Imparare l'ottimismo. Come cambiare la vita cambiando il pensiero*, Giunti, 2015

Mara Selvini Palazzoli et al., *I giochi psicotici nella famiglia*, Raffaello Cortina Editore, 1988

Tiffany Watt Smith, *Atlante delle emozioni umane. 156 emozioni che hai provato, che non sai di aver provato, che non proverai mai*, Uter, 2017

Jader Tolja, Francesca Speciani, *Pensare col corpo. Lavoro, spazi, tempi, relazioni, modo di vestire, linguaggio, cibo, sessualità: ogni nostra scelta di vita ci cambia anche a livello fisico*, Tea, 2015

Sun Tzu, *L'arte della guerra*, Luni, 2018

William Ury, *Il negoziato perfetto. Come eliminare gli ostacoli interiori per imparare a condurre una trattativa di successo in ogni campo*, Tea, 2017

Hans Vaihinger, *La filosofia del come se. Sistema delle finzioni scientifiche, etico-pratiche e religiose del genere umano*, Ubaldini, 1967

Giuseppe Vercelli, *Vincere con la mente. Come si diventa campioni: lo stato della massima prestazione*, Ponte alle Grazie, 2016

Jean-Didier Vincent, *Viaggio straordinario al centro del cervello*, Ponte alle Grazie, 2008

Enrica Viziale, *Tecniche di rilassamento*, SIAD, 1985
Ferenc Andreas Völgyesi, *Ipnosi umana ed animale*, Piccin, 1972
Paul Watzlawick, *Di bene in peggio. Istruzioni per un successo catastrofico*, Feltrinelli, 2013
Id., *Guardarsi dentro rende ciechi*, Tea, 2011
Id., *Il linguaggio del cambiamento. Elementi di comunicazione terapeutica*, Feltrinelli, 2013
Id., *Istruzioni per rendersi infelici*, Feltrinelli, 2018
Paul Watzlawick, Janet Helmick Beavin, Don D. Jackson, *Pragmatica della comunicazione umana. Studio dei modelli interattivi, delle patologie e dei paradossi*, Astrolabio, 2008
Paul Watzlawick, John H. Weakland, Richard Fisch, *Change. Sulla formazione e la soluzione dei problemi*, Astrolabio, 1974
Richard Wiseman, *59 secondi. Pensa poco cambia molto: la scienza del cambiamento rapido applicata a se stessi*, Ponte alle Grazie, 2010
Id., *Cambio vita in 6 comode lezioni. Un metodo rivoluzionario per rivoluzionare voi stessi*, Ponte alle Grazie, 2013
Id., *Dov'è il gorilla?*, Sonzogno, 2005
Id., *La scienza del cambiamento rapido applicata agli altri*, Ponte alle Grazie, 2011
Michael D. Yapko, *Lavorare con l'ipnosi. Un'introduzione alla pratica clinica*, FrancoAngeli, 2011
Jeffrey K. Zeig e Tami Kulbatski [a cura di], *I dieci comandamenti della coppia. Ottanta grandi psicoterapeuti dettano le leggi dell'amore*, Ponte alle Grazie, 2012
Philip Zimbardo, *Effetto Lucifero: cattivi si diventa?*, Raffaello Cortina Editore, 2008
Philip Zimbardo, John Boyd, *Il paradosso del tempo*, Mondadori, 2009

RINGRAZIAMENTI

Vorrei ringraziare di cuore tutte le persone che hanno dedicato del tempo a questa lettura. In primis Rossella Biancardi che mi ha scovato in un post di Selvaggia Lucarelli (che ringrazio) e mi ha permesso di realizzare questo lavoro. Manuela Mellini che è stata il mio angelo custode durante tutto questo viaggio per il coordinamento editoriale. La mia editor Lydia Salerno e tutto lo staff di Rizzoli per la professionalità con cui mi hanno seguito. Fabio Leonardi per essere stato il primo a credere in me professionalmente e per avermi insegnato tantissimo in tutti gli anni in cui abbiamo collaborato, un vero maestro. Luca Mazzucchelli, Gennaro Romagnoli e Patrick Cislaghi di Starwell, è un vero piacere essere amici e colleghi nel modo in cui lo siamo noi. Diego Ingrassia, per la tua competenza e simpatia. Tutte le persone che lavorano, hanno lavorato o collaborano con me: Alessia S., Silvia R., Benedetta S., Martina Z. e Sara F. Annamaria Bettini per tutto quello che hai fatto in questi anni, sei la persona più generosa che io conosca e non finirò mai di ringraziarti. Clotilde e Monica per le preziose e ossessive riletture. Federica R. per le ispirazioni, l'affetto e la passione di questi mesi. Le spalle di tutti i giganti sulle quali sono salito per vedere più lontano e tutti i "grandi esploratori" descritti nel libro. Tutti i colleghi di caratura mondiale dai quali ho avuto modo di imparare qualcosa durante la mia formazione e contaminare le mie conoscenze indipendentemente dalle divergenze delle nostre posizioni: Giorgio Nardone, Camillo Loriedo, Paul Ekman, Robert Cialdini, Daniel Goleman, Guglielmo Gulotta, Robert Dilts, Bill O'Hanlon, Ervin Polster, Michael Yapko, Wendel Ray, Brent Geary, Karin Shlanger, Ernest Rossi. I miei amici storici della mia amata Cecina che non leggeranno mai questo libro: Diego, Giorgino, Ciampo, Gracci, Costa, Cruseido, Jacopo, Lobo, Massimino, Nedo, Romeo, Conti, Master, Tazio, Paolone. I miei amici dell'università Silvio, Attilino, Cigno, Cesarino, Pippo, Fabio P. Il mio caro amico Antonio Losito per le nostre serate bohémien. Tutte le persone con le quali ho suonato insieme. Andrea per essere stato quello che sei stato finché ci sei stato. Antonio Laudazi per gli anni delle furgonate in cui suonavamo insieme e per quelli delle scrivanie in cui lavoriamo insieme al nostro progetto Digital Fool. I ragazzi dello spettacolo teatrale *Terapia di Coppia* Nancy e Roberto, siete fantastici! Gabriele Bulichelli per aver realizzato la casa dei miei sogni. Tutte le persone con cui ho lavorato in TV e tutti coloro che mi hanno dato la possibilità di lavorarci. I ragazzi di *Whishlist* con i quali è stato un piacere lavorare come coach: Ale e Franz, Elettra Lamborghini, Simona Ragno, Sergio Muniz, Filippo Orso. I miei colleghi Nada Loffredi e Mario Abis nel format TV *Matrimonio a prima vista*. Roberto Giannoni, Fabiana Zezza e Sandra Lusini di Radio Stop per la "voce" che mi date ogni lunedì mattina. I miei tatuatori Marina Viviani e Gianni Benci.

Un grazie a Marta Chagal, Cecilia Rossi, Matteo Cantiello, Federico Chiesa, Renzo Di Falco (RDS), Rosalba Gennai, i Prof. Non convenzionali Tani e Cipolli, il mio maestro di Judo Renato Cantini, la maestra Franca delle elementari e Francesco Orazzini per lo studio con i geometri.

Ancora una volta i miei genitori Giulio e Adriana per aver fatto sempre il massimo e per avermi capito anche quando io stesso avrei faticato a farlo. Senza di voi tutto questo non sarebbe stato possibile! Come dicono nei *TV shows*!

Tutte le donne che ho amato, a mio modo, nella mia vita. Siete state amanti, muse, compagne e amiche. *You know who you are!*

GG

INDICE

Finito di stampare nel mese di gennaio 2019
Presso Grafica Veneta S.p.A.
Via Malcanton, 2 – Trebaseleghe (PD)